16명 라떼들의 솔직한 위기 극복 **리얼스토리**

라떼노믹스

IMF + IT버블 + 금융위기 + 코로나19

16명 라떼들의 솔직한 위기 극복 **리얼스토리**

라떼노믹스

LATTE - NOMICS

이상도 · 이동훈 · 신규식 · 황성환 · 시규근 · 신강우 · 최환탁
이형구 · 최성균 · 김형범 · 박헌진 · 김석민 · 김형석 · 박신욱
장우창 · 전중인 지음

~~~~~

호락호락하지 않은 사회생활을 시작할
MZ를 위한 '라떼' 한잔

비츠
BOOK

1998년 11월 하나로통신 공채 1기로 입사 이후에 어느덧 23년 차로 사회생활을 하고 있습니다. 대기업, 벤처기업 조직에도 몸담아 봤고 개인적으로 조그맣게 사업도 해 보면서 이 사회에서 살아남으려고 노력하고 있습니다.

그러는 사이 저도 모르게 사회초년생과 취업준비생들에게 '기성세대'가 되어서 거리감이 생기게 되었습니다. 요즘 유행하는 말에 '라떼는 ~'으로 시작하면 말을 시작도 하기 전에 '앗' 하고 귀를 닫고, 기성세대를 비하하는 의미를 가진 '꼰대'라는 단어로 불리게 되는 시대가 되었습니다. 거기에 코로나로 인해 세대 간에 소통할 수 있는 '소통의 장'은 더 줄어들고, 회의 때조차 직접 만날 수 없는 세상이 되어 버렸습니다.

그래서, 저는 MZ세대들과 소통하고 이야기를 나누고 싶어 이 책을 쓰게 되었습니다. 제 주변에 나름 잘 버티시고, 여전히 사회에서 활동하는, 20~30년의 사회생활 굴곡에서 '서바이벌'한 그들의 노하우를 공유하면서, 특히 제가 몸담았던 하나로통신에서 인연을 맺은 친구들, 선후배님들, 제가 모셨던 분들, 그리고 현재 국제 통신분야에서 열심히 일하고 있는 분들의 이야기를 주로 담았습니다. 독자들에게 '라떼' 한 잔, 두 잔 값으로 사회생활 선배들의 노하우를 간접 경험할 수 있는 기회를 만들어 주고 싶었습니다.

우리 때는 그러지 못했는데 요즘 세대 친구들은 정말 다른 거 같습니다. 자기주장도 강하게 펼치고 업무를 하는데 궁금한 게 있으면 바로바로 질문을 많이 합니다. 저는 실제로 업무 의도를 이해하기 전까지는 일을 할 수 없다는 직원도 겪어 봤습니다. 처음엔 당황스럽고 이해가 안되었지만, 시간이 지날수록 '이런 게 세대 차이구나' 하고 조금씩 알아가게 되었습니다.

커뮤니케이션을 다루는 주제에서 우리나라 사람들은 '소통' 하자 그러면 '소탕'이 된다고 합니다. 서로 듣지도 않고 소통의 맥을 끊어 버리는 것입니다. 그런 현상을 보면서 '책을 통해 공유할 수 있는 경험을 나누자'는 생각이 들었습니다. 간접 경험을 통해 소통하면서 함께 이야기하고 나눌 수 있는 공통분모가 생겼으면 했습니다. 그리고 후배들이 앞으로 사회생활을 하면서 '스킬업' 되는 데 밑거름이 되었으면 싶은 마음도 있습니다.

이 책은 지침서나 강령이 아닙니다. 가볍게 이야기하지만 두터운 사회 경험을 소주 한 잔 기울이면서 들을 수 있는 기회를 나누고 싶은 것입니다. 독자분들, 취준생분들, 사회초년생들에게 여러 가지 선택지가 있다는 이야기를 해 주고 싶어서 쓰게 되었습니다.

제가 회사 직원들이나 사회 후배들에게 자주 해 주는 말이 있습니다.

('내가 정답이 아니다. 여러 가지 옵션을 던져주는 거다.
선택은 너희가 그중에 골라서 하면 된다')

선배들의 경험과 조언을 통해 본인의 것으로 만들고 거기서 더 발전시키는 건 후배들의 몫입니다. 저는 불안할 수 있는 그들의 미래에 다양한 선택지를 제시해 주는 것입니다.

이 책을 읽고 사회초년생이나 취업준비생들이 선배들의 노하우를 배우면서 '꼰대'의 의미가 좀 바뀌었으면 좋겠습니다. 또한 이 책을 통해 후배들이 최소한 책값이 아깝지 않을 정도로 얻어 가는 게 있고, 나아가 사회초년생이나 취준생들의 책꽂이에 한 권은 꼭 꽂혀 있는 'Must Have' 필수 도서가 되었으면 좋겠습니다.

감사합니다.

2021.08. 이상도

CONTENTS

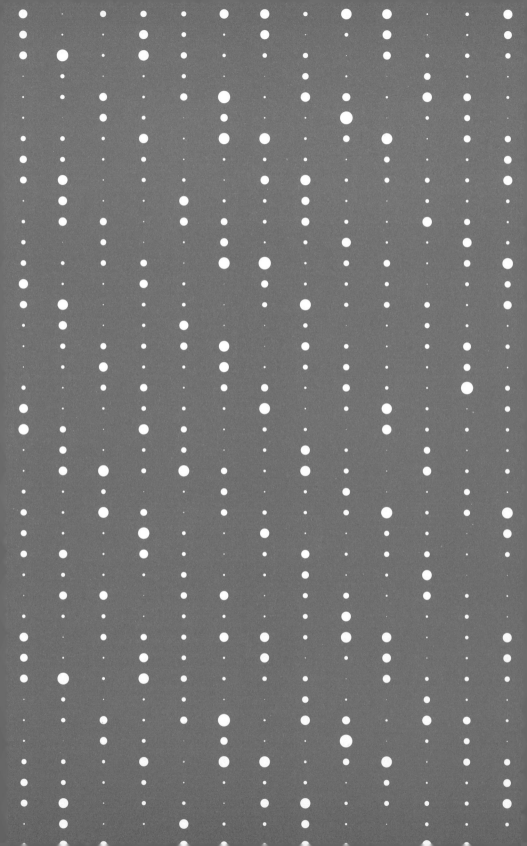

첫 번째 잔

디스트릭트홀딩스
부사장&공동창업자

이동훈

⊙ 디스트릭트홀딩스 회사와 하는 일에 대해 소개해 주세요.

Ⓐ 디스트릭스는 디지털 기술을 활용해 혁신적인 공간 경험을 디자인하는 회사입니다. 사업을 소개하자면, 2004년 웹에이전시로 출발하였고, 2010년 디지털미디어 기술을 활용해 삼성전자, 현대차 등의 공간 기반의 프로모션을 담당했습니다. 그리고 2011년엔 세계최초로 4D 테마파크인 '라이브 파크'를 일산 킨텍스에 전시했고, 2015년에는 KT, YG와 함께 디지털 테마파크인 'PLAY K-POP'을 진행했습니다. 2020년에는 디지털미디어 아트를 활용한 몰입형 전시관 아르떼뮤지엄을 10월 1일 제주도에 오픈했고, 폭발적인 반응을 얻고 있습니다.

2004년에 두 명의 디자이너와 함께 창업을 했고 저는 매니지먼트 쪽을 담당했습니다. 창업 초기에는 고퀄리티를 지향하는 웹에이전시로 시작해, 삼성의 글로벌 웹사이트, 모바일 쪽 웹사이트, 금융권 웹사이트 사업을 담당하며 안정기를 찾았습니다.

디지털 에이전시, THEME 파크 사업들, 미디어 아트 전시 등 비즈니스 영역은 바뀌었지만, 최고의 퀄리티와 고객 경험을 만들어 내겠다는 기업의 철학은 창업 초기부터 변함이 없습니다. 회사가 잘 나갈 때든 힘들 때든 회사를 지탱하고 경쟁력을 가질 수 있게 해 주는 가장 중요한 게 철학이라고 생각했습니다. 창업 초기부터 우리는 단순히 국내 업체를 경쟁사로 보지 않고 우리보다 2배, 5배씩 더 받는 해외 업체들을 경쟁 상대로 생각하고 글로벌시장을 목표로 잡았습니다. 그러다 보니, 더 높은 기준과 엄격한 잣대를 가지고 작업을 하게 됐고 고객의 만족도도 중요하지만 우리 스스로 만족 할 수 있는 결과물을 만들어 내는 게 기업의 목표가 되었습니다.

ⓠ 20년 가까이 회사생활을 하면서 롤모델이 있나요?

ⓐ 아무래도 이노베이션 인더스트리에 있다 보니, 또 그중에서도 가장 큰 IT기업인 애플의 창업자인 '스티브 잡스'를 롤모델로 삼고 있습니다. 새롭게 가치를 창출해 나가는 부분이 인상 깊었습니다. 소비자의 니즈를 파악하여 제품을 만드는 것이 아니라, 우리 상품과 서비스를 통해 소비자의 새로운 니즈와 시장을 창조해 나가는 것이 중요하다고 생각하고 있습니다.

ⓠ IMF 때 대표님의 경험이 궁금해요.

ⓐ IMF가 딱 끝나고 나서 1999년에 삼성물산 39기로 입사했습니다. 그때도 IMF 영향이 있던 시기라 회사에서 구조조정도 하고 신입사원도 거의 뽑지 않는 상황이었습니다. 운이 좋았던 것도 있고 시험 본 거나 인터뷰 본 것도 다 좋게 봐 주셨던 거 같습니다.

ⓠ 삼성물산에 1년 반 정도 근무하고 퇴사해 창업을 하신 걸로 알고 있어요.

ⓐ 삼성물산 기계 전자 사업 의료팀에 입사해 수입 업무를 주로 배웠습니다. 아무래도 의료 쪽 세일즈이다 보니 그쪽에 대한 전문지식도 필요했고 개인적으로 고민이 좀 많았습니다. 저는 국제경제학과를 졸업했기 때문입니다.

닷컴 버블이 불었을 때, 삼성물산에서도 인터넷 스핀오프 상태로 100개 기업을 만들겠다는 비전이 있어서 사업부별로 어떤 인터넷 사업을 할 건지 기획을 한 적이 있습니다. 저희 부서에서는 헬스케어 관련 사업을 준비했고 제가 거기에 운 좋게 함께하게 되었습니다. 가서 좀 더 도전적이고 새로운 일을 해 보라는 기회를 얻게 되어서 1년 정도 일을 했고 실제로 산하 법인도 설립을 했습니다. 그런데 아무래도 대기업에서 시작한 회사다 보니 제가 생각했던 벤처기업의 문화나 의사결정 시스템, 권한, 보상 같은 게 달랐습니다. 다시 삼성물산 본사로 돌아가는 것도 생각해 봤지만, 그냥 나가서 새로운 일을 해 보는 게 좋겠다는 결론을 내리고 회사를 그만뒀습니다.

(기존의 한계를 극복하고 지속성장한
'글로벌 디자인 컴퍼니'를 만들겠다는 목표)

ⓠ 대기업을 다니다가 바로 창업하는 게 쉬운 결정은 아닌 거 같은데요.

ⓐ 삼성물산을 퇴사하고 바로 창업을 시작한 건 아니고 뉴틸리티라는 회사에서 잠깐 일을 했습니다. 삼성물산에 재직하며 인터넷 비즈니스를 할 때 웹에이전시 파트너로 일을 했고 프로젝트를 함께하며 교류가 많은 회사였습니다. 디자이너밖에 없는 회사였기 때문에, 제가 삼성물산을 그만두고 일을 알아볼 때 함께해 보지 않겠냐고 제안을 해 주셨습니다. 인터넷 비즈니스가 트렌드가 될 거라고 생각을 했고, 그곳에서 일을 하면서 더 큰 기회가 생기지 않을까 해서 잠깐 근무하게 되었습니다. 그 후에 창업 멤버들을 만나 창업하게 된 겁니다.

저는 함께 창업한 창업자들과 함께 좀 더 글로벌시장에서 통할 수 있는 '디자인 컴퍼니'를 만들고 싶었습니다. 대부분 스튜디오 형태의 작은 회사가 주를 이뤘고 그 안에서 성장한 디자이너들이 나와서 또 비슷한 형태의 스튜디오를 차리는 게 대부분이었습니다. 그 한계를 극복하고 시스템이 있고, 자본시장에서 자금을 끌어와서 새로운 사업을 계속 진행할 수 있는, 지속성장이 가능한 컴퍼니 형태를 지향하며 창업을 했습니다. 글로벌시장에서 자리 잡을 수 있는 디자인 컴퍼니가 되는 것이 저의 목표였습니다.

Ⓐ 도전만으로 창업을 하는 건 너무 낭만적입니다. 철저하게 시장에서 고객에게 어떤 가치를 줄 수 있는지에 대한 정의와 자신감이 있어야 합니다. 저희는 졸업하자마자 창업을 한 것도 아니었고, 함께 창업한 친구들은 디자인 업계에서 3~4년 정도의 경력도 있었습니다. 업계에서 충분한 평판을 쌓았기 때문에 시장에 안정적으로 접근할 수 있었습니다.

그리고 창업을 한 뒤에 얼마만큼 빠른 시간 안에 안정적인 캐시카우를 만드는지도 중요합니다. 저희도 처음에는 따로 투자 없이 창업자들이 투자를 해서 회사를 시작했고 안정적인 대기업 고객군을 바탕으로 6개월 만에 캐시카우를 만들었습니다.

그리고 마지막으로는 '철학'이 중요합니다. 잘 나갈 때도 있지만, 회사에 위기가 올 수도 있습니다. '돈이 없으면 무조건 접어야 한다' 이런 걸 막아 줄 수 있는 게 일에 대한 사명감입니다. 그런 사명감이 있다면 어려운 상황이 와도 똘똘 뭉쳐서 극복할 수 있습니다.

(파격적인 비즈니스 변신,
다양한 경험을 토대로 '모멘텀'이 만들어지기까지)

◉ **회사의 성공과 위기, 히스토리가 궁금해요.**

Ⓐ 창업하고 2010년도까지는 어떻게 보면 탄탄대로였습니다. 우수한

고객을 바탕으로 안정적인 캐시카우를 만들었고, 매출의 20~25%가 영업 이익일 정도로 기업 실적도 좋았습니다. 직원들을 다 데리고 해외 워크숍도 가고 복지에도 신경 쓸 정도로 여유가 있었습니다. 2008년에는 삼성벤처캐피탈에게 투자를 받았습니다. 그 후에도 한 번 더 큰 금액을 투자받았는데 저희는 꿈이 커서 그랬는지 더 큰 비즈니스, 꿈을 위해 그 돈을 유보했습니다. 디자인 컴퍼니 용역으로 계속해서 일을 할 게 아니라 우리 자체 비즈니스를 가지고자 하는 꿈을 위해 준비를 했습니다. 그리고 2011년 일산 킨텍스에 디지털 테마파크 사업을 열었습니다. 투자금과 내부 유보금의 절반 정도인 70~80억 정도를 쓸 예정이었는데 결과적으로 더 많이 사용했고 매출도 기대에 못 미쳤습니다. 디지털 테마파크 사업 자체가 전무후무한 사업이라 벤치마킹을 할 것도 없었고 저희도 처음 해 보는 사업이라 예산도 넘고 생각했던 것만큼 결과도 좋지 못했습니다.

ⓠ 그 전에 하시던 웹에이전시 사업으로 다시 돌아왔나요?

ⓐ 그러지 못했습니다. 전시는 데드라인이 정해져 있는 사업입니다. 그래서 그 데드라인을 지켜야 했기 때문에 기존 인력도 이쪽으로 투입하는 수밖에 없었습니다. 캐시카우를 유지해 주던 비투비 고객들도 그 과정에서 많이 잃게 되었습니다. 그전 사업으로 돌아가는 건 불가능한 상황이었고, 라이브 파크 사업을 활용해서 비즈니스를 이어 나갈 수밖에 없었습니다.

Ⓐ 네, 맞습니다. 사실 그 전에 SM과 홀로그램을 활용한 샤이니 홀로그램 콘서트를 시장에 먼저 선보였습니다. 그때 반응이 나쁘지 않아서 YG과 KT가 관심을 가지고 투자를 감행한 것입니다. 투자받은 금액으로 제주도 플레이 케이팝을 만든 것입니다. 라이브 파크보다는 반응은 좋았지만, 메르스 사태라는 외부 변수로 큰 타격을 받아 생각보다 매출이 좋진 않았습니다. 해외 관광객이 타깃이었는데 입국을 할 수 없는 상황이었습니다. 정작 와 보면 다들 좋아하시고 생각했던 거보다 대단하다고 반응도 좋을 텐데 아쉬운 상황이었습니다. 2015년부터 2019년까지 5년 정도 영하고 그 사업도 철수를 하게 되었습니다.

ⓒ 그 경험들을 토대로 한 2020년 아르떼뮤지엄 사업이 대성공을 이뤘어요.

Ⓐ 플레이 케이팝을 정리해야겠다고 결론을 내리고 다음을 고민하면서 기획했습니다. 2019년부터 열심히 기획했고 준비는 1년 정도 했습니다. 소비자들이 뭘 좋아하는지 트렌드를 봤고 기획 단계에서부터 SNS 바이럴 마케팅을 겨냥하고 만들었습니다. 쉽게 말해 인스타그램에 올릴 만한 사진을 찍을 수 있는 공간을 타깃으로 잡은 것입니다. 그리고 중국이나 일본에서 몰입형 미디어 아트 전시가 먼저 히트 쳤던 상황도 고려

해 아르떼뮤지엄을 기획했습니다. 한 단계 치고 올라갈 때 계기가 되는 모멘텀이 필요한데 무엇으로 할지 고민하다 낸 아이디어였습니다. 그전에 했던 사업들이 그 모멘텀이 되지는 못했지만 아르떼뮤지엄을 기획하고 성공시킬 수 있었던 배경이 된 것은 확실합니다.

(어떤 시대와 상황에도 '고객 가치'를
만들어 낼 수 있어야 살아남을 수 있어)

◎ 포스트 코로나시대를 어떻게 대비해야 할까요?

Ⓐ 환경이나 외부 요인이 어떻게 변하든 간에 거기에 맞는 고객 가치를 만들어 내지 못하면 생존할 수 없다고 생각합니다. 그래서 고객 가치를 고민하고 시장과 고객을 이해하기 위해서 뭘 해야 할지 항상 고민해야 하는 것입니다.

개인적으로 저는 여행을 하면서 사람을 만나고, 거기서 경험한 정보를 축적하면서 사업 아이템을 많이 얻었습니다. 점이 선이 되고 선이 면이 된다고 합니다. 노트하면서 개별로 축적한 정보들이 나중에 고객 가치를 창출하는 귀한 아이템이 된 적이 많습니다. 개인적으로 역량을 개발하는 것도 중요하지만, 외부에서 얻을 수 있는 것들도 잘 활용하기 나름입니다.

ⓠ 코로나시대에 대한 생각이 궁금해요.

ⓐ 재택근무가 보편화 되면서 자기주도적으로 업무를 해 나가는 게 중요한 것 같고 회사 분위기도 많이 바뀐 것 같습니다. 불필요한 커뮤니케이션을 줄이고 회사의 골(Goal), 가치 창출에만 집중할 수 있는 것입니다. 물론 예전 시대에 비하면 인간적인 교류가 줄었다고 할 수도 있지만, 관리적인 업무를 줄이고 개인의 역량을 극대화할 수 있는 새로운 패러다임이라고 볼 수도 있는 것입니다.

개개인은 스스로의 컨텐츠를 만들어 개인의 가치를 높이는 데 집중할 수 있습니다. 유튜브를 만들라는 게 아니라 개인의 가치를 보여 줄 수 있는 무기를 만들라는 것입니다. N잡러가 점점 증가하는 것도 요즘 시대에 나타날 수 있는 하나의 흐름이라고 생각합니다.

ⓠ 회사생활을 하면서 행복했던 순간이 언제인가요?

ⓐ 사업을 하다 보니 회사가 만들어 낸 결과물이 시장에서 좋은 평가를 받을 때 행복합니다. 그리고 직원들이 좋아하는 모습을 볼 때 행복합니다. 해외 워크숍일 수도 있고, 근무 여건일 수도 있는데 직원들이 외부 요인에 상관없이 본인들이 원하는 작품을 만들어 내고 만족하는 모습을 볼 때 행복합니다.

(　회사생활을 하며 관계를 잘 만들고
그 안에서 배울 수 있는 것을 찾길 추천해)

ⓠ 신입사원 면접도 자주 참석하실 텐데, 원하는 인재상이 있나요?

ⓐ 아무래도 우리 회사는 크리에이티브한 인재가 많이 필요합니다. 그래서 개인의 창의성이 있는지도 많이 보고, 자신만의 독특한 관점이나 콘텐츠가 있는지를 확인합니다. 본인만의 독특한 철학, 분명한 자신의 색깔이 있는 친구들을 많이 선호합니다.

ⓠ 이제 막 사회생활을 시작한 친구들이 회사생활을 잘할 수 있는 팁이 있다면 추천해 주세요.

ⓐ 사회생활에서 관계는 뺄 수 없는 부분이기 때문에 이 관계를 잘 만들어 나가는 게 중요하다고 생각합니다. 조직생활이라는 게 위계질서가 없을 수가 없기 때문입니다. 그래서 윗사람들이 나랑 일하면서 편하다고 느끼게끔 해 주는 마인드가 중요합니다. 개인이 가진 센스일 수도 있고, 인간관계에서 지혜일 수도 있는데, 윗사람들이 '저 사람이랑 일하면 내가 편하다, 내가 뭐든지 가르쳐 주면 잘 흡수하고 배울 수 있을 것 같다'라는 느낌을 들게끔 해 주면 좋을 거 같습니다.

ⓠ 마지막으로 독자들에게 한 마디 부탁드려요.

ⓐ 주어진 일상 자체를 행복하게 살고, 그 일상 속에서 자기 생각과 느

낌들을 정리하다 보면 회사생활 하면서 도움이 될 만한 게 있을 겁니다. 그런 걸 스스로 잘 만들고 회사 문화를 존중하면서 관계들을 잘 만들어 나가면 즐거운 회사생활을 할 수 있을 것 같습니다. 긍정적인 마인드로 좋은 것들, 회사 사람들에게 배워야 할 부분들을 찾아가면서 일상의 아름다움을 만들어 가시길 바랍니다.

◎ **긴 시간 인터뷰 감사합니다.**

Ⓐ 감사합니다.

두 번째 잔

(前)KT 부사장,
영우디지털 고문

신규식

◎ **안녕하세요, 신규식 고문님. 현재 하고 있는 업무와 커리어패스에 대해 소개 부탁드립니다.**

Ⓐ 안녕하세요. 간략하게 이력을 설명하자면, 1985년에 입사해 10년 동안 IBM이라는 IT 회사에서 근무했습니다. 그 후, 컴팩과 HP라는 회사에 10년 정도 있었고, 20년 정도 근무를 한 후에는 2005년도에 하나로 텔레콤이라는 기업에 입사해 통신 쪽 비즈니스를 담당했습니다. 하나로텔레콤에서 5년 동안 일한 경력을 바탕으로 KT에서 10년 동안 통신 사업을 맡게 되었습니다. 통신분야에 총 15년 정도 종사했습니다. 그렇게 35년 정도 근무 후 2017년에 은퇴를 하고 지금은 중견기업의 고문 역할을 하고 있습니다.

◎ **대한민국에 IMF, IT 버블, 글로벌 금융위기 같은 큰 경제위기들이 있었는데, 35년이나 직장생활을 하면서 가장 위기라고 생각했던 때는 언제인가요?**

Ⓐ 다들 비슷하겠지만 가장 위기는 역시 1997년도 대한민국을 강타한 IMF라고 생각합니다. 다른 업종보다도 IT 쪽에서는 먼저 타격을 받았습니다. 그 당시에 저는 HP 기업에서 근무하고 있었는데 97년도 중반기부

터 환율이 오르기 시작해 1,800원에서 2,000원까지 환율이 급등했습니다. 부도나는 회사들도 많았고 전체적으로 힘든 시기였습니다. 그 당시에 침낭을 챙겨서 미수금을 받으러 다닌 기억도 있습니다. 침낭을 갖고 다니면서 다른 회사 로비에서 미수금을 받으려고 며칠 밤을 새우고 했습니다.

Ⓠ IMF 위기 때 고문님의 직장생활과 위기를 극복한 자세한 이야기가 궁금해요.

Ⓐ 1985년부터 1994년까지 IBM 회사에서 10년 정도 근무했습니다. 그리고 명예퇴직 프로그램 신청을 받기 시작할 때 IBM을 그만두고 더 작은 IT 회사로 옮기게 되었는데 그게 제 인생의 전환점이 되었던 거 같습니다. 슈퍼 컴퓨터도 중요했지만, 당시 웹서버를 다루는 서버 회사들이 생겨나는 상황이었습니다. 80년도에 세계적으로 수출하는 IBM 매출이 그 당시 대한민국 1년 예산보다도 많았습니다. 거대한 공룡처럼 엄청나게 큰 글로벌 회사였지만 그 안에 안주하고 싶지 않았습니다.

그 이후 컴팩이라는 회사로 이직을 했는데 저에겐 굉장한 모험이었습니다. 지금 생각해 보면 잘한 선택 같습니다. 컴팩에 근무하던 시절, 1997년도에 IMF가 터졌습니다. 힘든 부분도 있었지만 생각보다는 IMF 경제위기를 잘 견디고 넘긴 거 같습니다.

(ICT 융합 산업 비전으로
하나로텔레콤 B2B 기업 영업의 초석을 다지다)

ⓠ 2000년 IT 버블 때 위기는 어떻게 극복하셨나요?

ⓐ 사실 IT 벤처 붐이 오면서 IT 쪽에는 오히려 기회의 시기였다고 생각합니다. 물론 벤처 붐으로 몇몇 회사들이 상장에 성공하기도 했지만 많은 회사가 생겼다 사라지곤 했습니다. 저는 안정적인 직장을 다니고 있었지만, 그때 버블이 꺼지는 상황을 보면서 많은 생각을 했습니다. '기업들이 핵심 솔루션이나 아이템을 개발해서 소비자에게 만족을 주고 기업가 정신으로 사회에 봉사하기보다는 그냥 잘 뻥튀기해서 자본주의 트렌드에 맞게 돈만 벌면 그만이다' 하는 느낌을 받았습니다. 국가 차원에서도 벤처기업들을 인큐베이팅(Incubating)하고 지원하는 정책이나 방법들이 다른 국가에 비해 많이 뒤처진 것 같아 안타깝기도 했습니다. 그리고 지금도 그런 세태가 많이 나아진 건 아닌 거 같아서 노파심이 좀 듭니다. 나이가 들어서 그럴까요? (웃음)

ⓠ IT 산업에서 쭉 커리어를 쌓으셨어요.

ⓐ 네, 맞습니다. 2004년까지 20년 동안 IT 회사에서 경력을 쌓았습니다. IT 하면 통상적으로 정보 통신이라고 통으로 얘기를 하는데, 사실 IT하고 CT(Communication Technology) 통신이 서로 맞물리는 부분은 있지만 깊게 들어가면 각자 다른 분야입니다. 그런데 2004년 말부터 컨버전(Conversion) 마켓이 생긴다는 예측들이 나왔습니다. 사실 네트워크 없는 IT는 존재할 수 없는 거니까 당연한 거였습니다. 통신 회사로 관심이

생기고 있는 찰나에 일자리 제안이 들어와서 하나로텔레콤으로 2005년 이직을 하게 되었습니다. 그곳에서 즐겁게 근무했고 좋은 선후배들도 많이 만났습니다.

IT 기업에 근무하며 네트워크, 통신에 대한 교육도 받았지만 실제로 통신 회사에 가니까 완전히 달랐습니다. 쓰는 용어도 아예 달라서 1년 정도는 회사에서 공부하면서 일을 하느라 굉장히 힘들었습니다. 하지만 통신 쪽은 계속해서 발전하는 산업이었고 결론적으로는 저도 그 경험을 바탕으로 KT로 커리어를 이어나갈 수 있게 되었습니다.

◎ **하나로텔레콤에서 기업 영업의 초석을 다지신 게 신규식 고문님 이에요. IT, 인프라, 서버 쪽의 이력에 CT 쪽 경험치까지 쌓여 ICT 융합이라는 비전도 만드셨고요.**

Ⓐ 통신 사업에서 몇천만 고객을 상대하는 B2C 사업에 비해 B2B는 성장 가능성은 많았지만 현실적으로 매출이 잘 나오지는 못했습니다. 최근에는 B2B 사업의 중요성도 인식되고 통신 회사들의 매출에도 큰 부분을 차지하고 있지만 말입니다. SK와 현대자동차가 회사 대 회사로 얼라이언스(Alliance)해서 긴밀하게 협조하고 사업하는 경우도 그 예입니다. 매출도 큰 부분을 차지하지만, 기업 간에 협조관계를 유지할 수 있다는 측면에서도 B2B 영업은 중요하다고 할 수 있습니다. 제가 B2B 영업을 담당했던 그 시기에 하나로텔레콤에서 IP TV를 런칭했고, 여러 가지 부대 사업을 더 키우면서 기업 영업 부문의 매출도 크게 상승했습니다. 지

금은 당연하지만, 그 당시에 통신과 콘텐츠의 융합은 획기적인 아이템이었고 다행히 반응도 좋았습니다. 그 흐름에 힘입어 기업 영업 부문도 성장한 셈입니다.

(꾸준한 이력서 업데이트로 커리어플랜을 만들어 나가라고
후배들에게 조언해 주고 싶어요)

ⓠ 하나로텔레콤에 영업 본부장으로 오시고 나서 후배들을 당황시킨 에피소드가 있다고 들었어요.

Ⓐ 아까도 말했듯이 제가 IT 회사에서 통신 회사로 이직해서 처음에 용어들도 잘 모르고 업무 하는 데 많은 어려움을 겪었습니다. 그러다 보니 후배들의 도움이 간절했습니다. 그래서 부하 직원들에게 용어를 비롯해 이것저것을 많이 물어봤습니다. 잘 모르는데 이게 뭐냐고 알려 달라고 질문을 많이 했는데 그게 후배들에겐 조금 당황스러우면서도 신기했던 모양입니다. (웃음)

후배들의 도움 덕분에 금방 적응하고 배울 수 있었습니다. 은퇴한 시점에 생각해 보니 공부를 좀 게을리하지 않았나 싶기도 합니다. 그래서 저는 후배들에게 자기가 속한 회사의 기술 발전의 트렌드나 회사 제품에 대해서 끊임없이 공부해야 한다고 조언해 주고 싶습니다. 물론 마케팅이나 영업 직무는 당연히 알아야 하지만 재무나 인사 같은 경우엔 '내가 회계 용어만 알면 되지 기술을 왜 알아야 해?'라고 생각하기 쉽기 때

문입니다. 결국, 나중에 다 본인의 경쟁력이 되고 발전의 토양이 되기 때문에 자기가 속한 회사의 기술에 대해서는 공부하는 자세가 필요하다고 생각합니다.

다른 에피소드는 제가 후배들에게 이력서를 주기적으로 업데이트하라고 한 것입니다. 나중에 들은 얘기지만 다들 '나보고 나가라는 건가?'라는 생각이 들었다고 했습니다. 2005년 입사하고 한 달 정도 지났을 때, 팀장급 이상 직급인 사람들에게 한 달에 한 번씩 본인 이력서를 업데이트하라고 했습니다. 사람이 쳇바퀴 돌듯이 루틴하게 회사생활을 하면서 따로 기록해 두지 않으면 나중에 내가 작년에 뭘 했는지 잊어버리게 됩니다. 그런데 월별로 분기별로 지금까지 했던 업무를 정리하면 그걸 보고 반성하게 되고, 그다음 여태까지 성취한 것을 토대로 무엇을 할지 플랜이 세워집니다. 스스로 발전하기 위해서는 어떤 것이 필요하고 어떤 방향으로 나가야 할지 이력서를 업데이트하면서 정리가 되기 때문에 저는 그 방법을 후배들에게 추천했던 것입니다.

(1위 타이틀을 지키기 위한 KT에서의 고군분투)

ⓠ 그 이후에 하나로통신 기업 영업을 발판으로 KT로 이직하셨어요. 부사장까지 진급하면서 KT에서도 기업 영업을 성공적으로 이끄셨다고 들었는데 KT에서의 직장생활은 어떠셨나요?

ⓐ 통신에서 유선 사업인 KT로 넘어왔습니다. 그 당시에 글로벌 금융위기였음에도 불구하고 유선 사업분야에서 부동의 1위 기업이 KT였습니다. 그리고 그 안에서 저는 기업 영업을 담당했습니다. 하나로텔레콤 때와 크게 다르지 않았던 게, KT에서 역시 B2C 사업에 비해 B2B 사업은 매출이 1/5 정도 수준이라 주목을 많이 받는 부서는 아니었습니다. B2C 사업이 그만큼 대단했습니다.

공공 기관에 전용 회선을 깔아 주는 사업이 B2B 매출의 큰 비중이 차지했습니다. KT가 1위였기 때문에 LG U+ 같은 경쟁 업체들이 고객을 탈환하려고 노력을 했습니다. 1위인 기업에 있을 때와 1위를 노리는 기업에 있을 때가 마음가짐이 참 달랐습니다. 물론 장단점이 다 있긴 하겠지만, 하나로텔레콤에서 1위를 탈환하기 위해 공격적으로 영업을 하고 대부분 업무가 챌린징(Challenging) 했다면, KT에서는 항상 1위인 타이틀을 지키기 위해 고군분투했습니다. 1위 기업에서 근무한다는 자부심도 있었습니다. 2015년부터는 공공 기관도 전부 경쟁 입찰로 바뀌면서 수익률이 그전만 못하기도 했지만 말입니다.

Q KT에 근무하면서 이룬 고문님의 성과에 대해 자랑해 주세요.

A KT에서 업무적으로 제대로 된 시스템을 정립하고 나온 것은 '제안서'에 대한 부분입니다. 기업 영업에서 제안서가 정말 중요합니다. 제가 입사했을 초창기에 후배들이 만든 제안서를 보니까 그렇게 퀄리티가 좋지 않았습니다. 그래서 제대로 된 제안서를 쓸 수 있는 센터를 두 군데 만들어서 제안서 쪽에 실력 있는 친구들을 배치해 양성했습니다.

또, SMB 사업이 중소기업이나 소상공인을 대상으로 하다 보니 많이 등한시되고 있었습니다. B2C 사업부에 속해서 같이 영업을 하는 체제였습니다. 그래서 SMB 사업부를 B2C 쪽에서 떼서 B2B 영업 쪽으로 끌고 왔고, 그 비즈니스를 할 수 있는 사람들을 채용했습니다.

그 과정에서 영업사원이 하나하나 다 직접 영업하는 방식도 좋지만, 여러 채널을 이용한 영업을 통해 매출도 올리고 업무의 효율성도 높이는, 그전에는 시도하지 않았던 영업 패턴의 틀을 만들고 나왔습니다.

(후배들의 좋은 소식을 듣는 것이 가장 뿌듯하고 행복한 일)

Q 코로나시대를 겪고 있는 후배들에게 조언 한마디 해 주세요.

A 위기를 기회로 만들라고 말해 주고 싶습니다. 많은 자영업자가 타격을 입었다고 하지만, 여전히 맛집이나 유명한 음식점에 가 보면 한 시간

씩 줄을 서고 기다려야 합니다. 그리고 오히려 코로나를 겪으면서 더 잘된 사업가나 식당들이 있기도 합니다. 그런 걸 보면 그 사람들이 고객의 니즈를 철저하게 분석하고 고객들이 어떤 걸 원하는지에 맞춰 장사를 한다는 반증이기도 합니다. 그래서 저는 후배들이 자신의 강점을 찾고 위기를 통해 새로운 기회를 만들어 나갔으면 좋겠습니다. 그런 노력을 꾸준히 하다 보면 빛을 보고 자신만의 성공 포인트가 될 수 있기 때문입니다.

ⓠ 직장생활에서 가장 행복했던 순간은 언제인가요?

Ⓐ 컴팩에서 컨슈머 사업부를 총괄하는 부장으로 근무하던 시절이 생각납니다. 그때가 1995년도였는데 처음으로 제 방을 얻게 되었습니다. 그때는 개인 방을 얻은 게 너무 기분이 좋아서 퇴근을 안 하고 저녁 먹은 후에 다시 돌아와 1박 2일을 방에서 보냈습니다. (웃음) 거의 27년 전인데 아직도 선명하게 기억합니다.

사실 직장생활을 35년 하면서 제 방을 가졌을 때보다 더 기분 좋았던 때는 우리 후배들이 좋은 회사에 진출해 중요한 포지션을 맡고 있을 때입니다. 제가 1997년도에 상무로 진급을 할 수 있었던 건, 후배들에게도 꾸준히 얘기하고 있지만 제 개인의 능력보다는 제 밑에서 서포트해준 후배들 덕이라고 생각하기 때문입니다. 밑에서 나를 밀어준 덕에 팀장이 되고, 상무가 되고 할 수 있었던 거라고 늘 생각하고 있습니다. 그래서 항상 후배나 동료들에게 고맙습니다. 그렇게 저를 도와주고 믿어

줬던 후배들이 각자 좋은 회사에 진출해 중요한 포지션을 맡게 되고, 인연을 이어 가면서 후배들의 소식을 듣는 것이 가장 즐겁고 뿌듯한 일입니다.

(긴 사회생활을 유지할 수 있었던 비결 = 인맥관리와 건강관리)

◎ 35년 사회생활을 하며 유지하고 있는 고문님만의 루틴이나 습관이 있다면 공유 부탁드립니다.

Ⓐ 두 가지를 꼽을 수 있는데 첫째는 꼭 필요하다 싶은 만남은 월별, 분기별로 약속을 잡아 꾸준히 인연을 이어 가는 것입니다. 물론 지금 같은 코로나 시국에야 힘들겠지만, 인연을 이어 가야 하는 사람과는 지속해서 관계를 유지하는 것이 저의 습관입니다.

둘째는 건강에 관한 신념 같은 것이 있습니다. 건강해야 오래 일을 할 수 있습니다. 그래서 몸이 무리하지 않는 선에서 일을 하고 본인의 건강을 소중히 여기는 것이 제 습관입니다. 10년 전에 뇌출혈이 온 직장 동료가 있었습니다. 그 친구는 전날 새벽까지 술을 마시고도 그 다음 날 사우나에서 술기운을 쫙 빼고 멀쩡하게 출근하는 친구였습니다. 일도 굉장히 열심히 했습니다. 그러다 보니 몸에 무리가 가서 결국은 큰 병을 얻고 말았습니다. 업무에 열정을 다 하는 것도 좋지만, 본인 몸에 무리를 주지 않는 선에서, 본인 몸을 학대하지 않는 선에서 했으면 좋겠다는 생각을 합니다.

ⓠ 35년 사회생활을 하면서 많은 경제위기를 지나오셨는데 몇 전 몇 승 몇 패라고 생각하시나요?

ⓐ 사실 제가 직장생활을 하면서 삶에 큰 타격을 입을 만큼 위기는 없었습니다. 어떻게 보면 '승'이라고 할 수 있겠지만 제가 '서바이벌'했다는 것이 꼭 '승'이라고 할 수는 없는 것 같습니다. IBM이라는 큰 회사에서 일하면서 공룡같이 큰 슈퍼 컴퓨터 산업도 좋았지만 모든 가정에 PC가 도입되어 그쪽 산업이 커질 거라 판단하고 그쪽으로 이직을 했습니다. 그런 부분에서 트렌드를 읽고 발 빠르게 이직한 것이 잘한 선택이고, '승'이라고 불릴 만하다고 생각합니다. 또, 통신 회사로 옮긴 것도 잘했다고 생각합니다. 그러나 2005년에서 2010년 사이에 제가 트렌드를 못 읽었던 것이 바로 스마트폰입니다. 저는 스마트폰이 이렇게 빠르게 보급될 거라고는 생각을 안 했습니다. 빠르게 변화하는 트렌드를 따라잡지 못한 게 아쉽습니다. 그리고 2년 전에 가상화폐, 비트코인에 순수한 호기심으로 관심도 정말 많았고 공부도 꽤 했었는데 흐름을 놓쳐서 투자를 못 한 것에 대한 아쉬움도 있습니다. 투자를 해서 엄청난 수익을 벌고 그런 것보다도 가상화폐에 대해 공부를 했음에도 투자의 흐름에 발맞추지 못했다는 아쉬움이 많이 남습니다.

Q **그러면 5전 3승 2패 정도로 할까요?**

A 네, 그러죠. (웃음)

Q **그럼 이만 인터뷰를 마치겠습니다. 감사합니다, 고문님.**

A 네, 감사합니다.

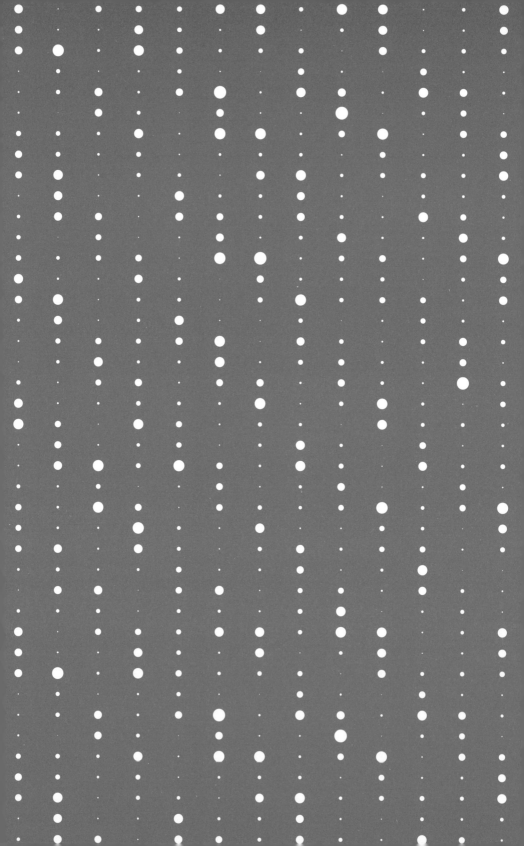

세 번째 잔

디지털리얼티코리아 상무

황성환

글로벌 2위,
Global Digital Center Provider IDC 업체 Realty(리얼티)

◎ 안녕하세요, 상무님. 자기소개 부탁드립니다.

Ⓐ 안녕하세요, 저는 디지털리얼티코리아(Digital Realty Korea)에서 근무하고 있는 황성환입니다. 'Realty'는 부동산으로 해석되지만, 저희가 하는 업무가 부동산은 아닙니다. (웃음) 저희는 글로벌 디지털 센터 프로바이더(Global Digital Center Provider)입니다. 저희는 IDC(Internet Data Center) 서비스를 제공하는 기업으로, 전 세계 280개 이상의 IDC를 보유하고 있고 글로벌 2위를 차지하고 있습니다. 전 세계 고객의 데이터 센터, 코로케이션과 상호 연결 전략을 지원하고 있습니다. 고객사는 흔히 생각할 수 있는 클라우드, 정보 기술 서비스, 소셜 네트워킹에서부터 금융 서비스, 제조, 에너지, 의료, 소비재까지 다양합니다.

◎ 국내 기업 중에 IDC 산업분야에서 네이버가 두각을 나타낸다는 기사를 본 적이 있어요. 강원도 춘천에 데이터센터를 만들고 규모도 점차 커지고 있다고요. 네이버와 비교했을 때 어떻게 다른가요?

Ⓐ 비즈니스 모델 측면에서 사업 구조를 달리 볼 수 있습니다. 네이버는 데이터센터에 데이터를 저장하는 유저(User)의 입장이면서 동시에 일부

에 대해서는 프로바이더(Provider)입니다. 데이터를 저장하고자 하는 스스로의 니즈(Needs)를 만족하기 위해 본인이 자체적인 데이터센터를 2개 정도 보유하고 있는 회사입니다.

저희는 자체적인 데이터를 저장하는 용도가 아니라 고객의 데이터를 저장하게끔 만들어 주는 공용공간을 제공해 주는 겁니다.

ⓠ 디지털리얼티에 상무로 근무하기까지 어떤 기업에서 근무하셨나요?

ⓐ 삼성전기, 하나로텔레콤, 화웨이, LG CNS를 거쳐 디지털리얼티에 입사하게 되었습니다.

ⓠ 21년 가까이 직장생활을 하시면서 상무님의 롤모델 있었나요?

ⓐ 직장생활을 돌아봤을 때 딱 정해 놓은 롤모델이 있다고 말하기는 어렵습니다. 제가 현재의 회사에서 근무할 거라고는 예상하지 못했습니다. (웃음) 저는 당시에 다니고 있는 회사에서 롤모델을 찾으려고 노력했습니다. 그 안에서 저보다 업무 능력이 좋고, 인정받는 사람을 표본으로 삼아 그 사람을 흉내 내려고 노력하지 않았나 하는 생각이 듭니다.

（ 　　　　한국 경제위기 속 4전 3승 1패의 기록　　　　 ）

ⓠ 한국에 굵직한 경제위기가 여러 번 있었는데요, 상무님은 그 경제위기를 다 경험하지 않았나요? 1998년 IMF 외환위기, 2000년 IT 버블, 2009년 글로벌 금융위기 그리고 지금 2020년 코로나19 경제위기까지. 이런 경제위기를 거쳐 오면서 상무님은 몇 승 몇 패 했다고 생각하시나요?

ⓐ 객관적으로 봤을 때, 4전 중에 3승은 하지 않았나 생각합니다. 3승 1패요.

ⓠ 1패는 어느 때인가요?

ⓐ 2009년 글로벌 금융위기 때입니다.

ⓠ 그렇군요. 그 이야기부터 듣고 싶지만, 한국의 경제위기를 직접 겪으면서 3승이나 하신 상무님의 이야기를 자세히 시간 순서대로 들어볼까 합니다. 1998년 IMF 외환위기부터 시작할까요? 당시에 대표님은 몇 살이었나요?

ⓐ 98년에 26살이었습니다. 딱 취업을 준비할 시기였습니다. 객관적으로 봤을 때 IMF 외환위기가 한국 경제에 미친 임팩트가 가장 컸다고 할 수 있습니다. 당시 기업이 도산을 하고 많은 사람이 직장을 잃었습니다.

그리고 저는 주변에서 입사 예정이었다가 갑자기 입사가 취소되는 친구들도 많이 봤습니다. 그런데 그런 상황에서 아이러니하게도, 제가 가장 돋보일 수 있었던 시기가 그때였습니다.

(IMF 금융위기 속 무선 휴대전화 사업의 성장,
능력을 주목받을 수 있었던 무대가 되다)

IMF 외환위기가 97년 하반기에 발표가 되었고, 그 여파로 98년에 입사 예정이던 신입사원들이 전부 입사 취소가 되었습니다. 98년도 대학교 3~4학년들은 거의 패닉이었습니다. 지금은 상상도 할 수 없을 정도로 끔찍한 상황이었습니다. 그 당시에 통상적으로 삼성그룹이 공채로 3,000명 정도를 채용했는데 98년도에 공채로 채용한 신입사원이 1,000명도 안 됐습니다.

저도 그때 한양대 공대를 전자통신학과 졸업을 앞두고 있었고, 당시에 한양대 공대가 가장 취직이 잘 되는 학교에 속했습니다. 그런데 그때 한양대학교 기계과나 건축과가 굉장히 유명하고 취업이 잘 되는 학과였음에도 기계 산업이 무너지면서 150명 졸업생 중에 취업이 확정된 친구들이 불과 3~4명이었을 정도였습니다. 모든 산업이 무너지는 상황이었지만 당시에 삼성전자의 무선 휴대전화 사업만 급격하게 성장하고 있는 상황이었습니다. 흔히들 '애니콜 신화'라고 부르던 시절이었죠.

그런 흐름 덕분에 전자, 정보공학과를 졸업한 친구들만 그나마 숨통이 트였습니다. 저도 그중 하나였기에 높은 경쟁률을 뚫고 99년 1월에 삼성전기 39기로 입사하게 되었습니다. 주변에서 많이 부러워했습니다. (웃음) 그렇다고 해서 공부를 크게 잘하는 편에 속하지는 못했지만, 어쨌든 군대에 다녀와서 어디 내놓을 만한 평점을 만들기 위해 노력했고 결과적으로 성적이 나쁘지는 않았습니다.

1승이라고는 했지만, 시대의 흐름 덕에 운 좋게 저에게는 호기가 되었던 시절이 아니었나 생각합니다. IMF 외환위기라는 거대한 파도에 직접적으로 노출되지 않았다는 표현이 더 적절할 것 같습니다. 제가 뭔가 반전의 극복 방법이 있었던 것 보다는 잘 피해 있었다는 게 맞을 것 같습니다.

💬 삼성전기에서 이직한 곳이 '하나로텔레콤'이라고 하셨어요. 2000년에 입사하신 거죠?

🅐 네. 삼성전기에 만으로 1년 근무하고 2000년 1월 2일 자로 하나로텔레콤에 입사하게 되었습니다. 그때 경제가 조금씩 살아나기 시작하면서 회사들이 98년, 99년에 모자랐던 인력을 충원하기 시작한 시기였습니다. 대학 다닐 때부터 서비스 업체에 가고 싶던 마음이 있었습니다. SK 텔레콤 같은 서비스 프로바이더 기업에 가고 싶었고, 삼성전기 입사 후에 제가 제조업 산업분야에 잘 맞지 않는다는 생각을 많이 했습니다. 개인적으로는 가족들과 떨어져 수원에 혼자 나가 사는 것도 마냥 좋진 않았습니다. 그런 여러 이유가 이직의 계기가 되었습니다.

💬 **2000년도에서 2002년도 사이에 찾아온 IT 버블로 넘어가 볼 게요. 개인적으로 위기나 기회라고 느꼈던 경험이 있으신가요? 이번엔 어떻게 극복하셨는지 궁금한데요.**

🅐 상대적으로 IT 버블은 임팩트가 적은 사건이었다고 생각합니다. 쉽게 말해, IT 버블은 100 정도 역량이 있는 기업이 상대적으로 과대평가되어 150, 200 정도의 평가를 받다 그게 추락하면서 70, 80까지 떨어진 게 문제였던 것입니다. 그리고 IMF와 다르게 버블 위기의 타격을 받은 건 모든 기업이 아닌 벤처기업, 스타트업 등 그동안 과대평가되었던 기업들이 매를 맞은 거라 생각합니다. 저도 당시에 그 사건으로 인해 생계가 흔들릴 정도의 큰 타격은 겪지는 않았습니다. 그때 당시에도 지금처럼 주식이 유행했었는데, 저는 많이 하지는 않았지만, 그 당시 전 국민이 다 아는 유명한 기업들에 조금 투자했었습니다. 그 외에 삼성전기에 근무하며 받은 주식을 고가에 매도하면서 이익을 조금 보기도 했습니다. 그 당시 IT 버블은 사회 전반에 대한 영향보다는 개인의 선택에 많은 영향을 끼치지 않았나 싶습니다. 회사 이름에 '닷컴'만 붙이면 무조건 올라가던 주식의 거품이 꺼진 셈이었습니다.

IT 버블의 위기는 잘 넘기신 거 같고요. 2009년 글로벌 금융위기로 넘어가 볼게요. 2009년이면 상무님은 하나로텔레콤에서 거의 10년 직장생활에 도달했을 때이고, 미국에서 시작한 금융위기가 전 세계를 강타한 역대 최악의 경제위기 시기이죠. 아직 대기업에 근무하고 있었을 때지만, 상무님이 겪은 위기나 경험, 그 결과물은 어땠나요?

ⓐ 아마 2009년 글로벌 금융위기를 저보다 체감으로 느낀 사람은 많이 없을 거라 생각합니다. 2008년 8월에 미국 LA로 이직을 했기 때문입니다. 당시 포스코 ICT 투자법인이 미국 LA에 생기면서 조인트 벤처의 형태로 인원을 채용하고 있었고, 한국에서 하던 미디어 사업을 미국에서 해 보자는 사업 모델을 가지고 저도 좋은 조건으로 이직을 결정하게 되었습니다. 2008년 8월에 LA로 와서 새로운 서비스 사업을 기획하던 중이었는데 서비스를 런칭하기도 전에 2008년 하반기부터 미국 언론에서 금융위기 관련 기사가 쏟아져 나왔고, 결과적으로 2009년에 들어서자 리먼브라더스, 뱅크오브아메리카같이 우리가 익히 들어 아는 유명한 은행들이 구조조정에 들어가고 파산하기 시작했습니다. 2009년에는 텔레비전을 틀면 'Global Recession'에 대한 얘기밖에 없었습니다. 그 여파로 한국을 포함한 아시아권에도 큰 영향을 받게 되었습니다.

그때 당시 저희 신규 아이템이 IP TV와 관련된 미디어 사업, 지금으로 보면 넷플릭스 같은 VOD 사업이었는데 도저히 실행할 수가 없는 분위기였습니다. 그래서 한국으로 돌아가야 하나 고민하다가 2010년 초까지는 미국에 있는 다른 회사에 지원하면서 버텨 보려고 했는데, 그것도 마음대로 되지 않았습니다. 자국민도 취업이 어려운데 외국인인 저에게는 면접 기회를 잡는 것 자체가 굉장히 어려웠습니다.

미국에서 직접 글로벌위기를 경험하기까지 '미국'이란 나라에 대해 추상적으로 한국보다 경제적으로 잘 살고, 살기 좋은 나라이며 기회의 땅이라고 생각했습니다. 좋은 대우를 받으며 미국으로 이직했을 때, 풍경이나 도로 위의 차들, 친절했던 사람들까지 제가 생각했던 것만큼 멋지고 좋은 나라였습니다. 하지만 딱 월급이 끊기고 일을 못 하게 된 순간부터 그 나라는 제가 상상하고 동경했던 나라와는 거리가 멀어졌습니다. 분명히 지리적으로는 똑같은 환경이었지만 우울해진 저에게는 더 이상 살기 좋은 곳이 아니라 오히려 두 발로 서 있기도 어려운 막막한 곳이 되어 버렸습니다. 그때 느낀 것이 내가 발 딛고 있는 이곳에서 제 상황이 좋으면 좋은 환경이 되고, 반대의 상황에서는 아무리 바깥 상황이 똑같더라도 어렵고 막막한 현실이 된다는 것이었습니다. 미국에서의 생활이 정신적으로 많은 것을 느끼고 성장하게 만들어 준 큰 변환기가 되었습니다. 그전까지는 어려움 없이 직장생활을 시작해서 10년 동안 회사를 다녔고 인생에 큰 위기가 없었습니다. 그리고 제가 회사에 다닌다면 회사가 나의 시간을 가져가는 것이기 때문에 내가 능력을 발휘하든 안 하든 회사에서는 월급을 꼭 줘야 한다고 생각했습니다. 그렇지만 미국생활 이후, 세상이 그렇게 쉽지 않다는 것을 배우고 스스로 회사 안에서 나의 능력을 보여 주고 내 힘으로 업무를 이끌어 갈 수 있어야 커리어적으로 롱런 할 수 있다는 걸 느꼈습니다. 삼십 대 후반이 되어서야 인생의 큰 가르침을 깨달은 것입니다.

위기의 상황에 사람의 본성이 나온다고 합니다. 월급을 줄 수 없는 걸 넘어서 사업체가 문을 닫아야 하는 극한의 상황에 몰리니까 같이 일하던 동료들 사이에서도 말로 표현할 수 없던 치졸함과 갈등이 생겼고, 회사생활 속 인간관계에 대한 깨달음도 얻었습니다. 단순히 나만 잘하면 그만이 아니라, 직원들 간의 신뢰관계가 굉장히 중요한 것이고 직원들과의 관계를 잘 맺어야 업무적으로도 서로 시너지 효과를 낼 수 있다는 것도 배웠습니다.

그 후에 뭐라도 붙잡고 싶어서 시카고로 넘어가서 사업을 시작했습니다. 가장 적은 자본으로 언어도 완벽하지 않은 외국인이 현지에서 할 수 있는 게 무엇일까 고민하다가, 지금은 한국에서 많이 보편화 되어 있지만, 그 당시에는 그렇지 않았던 프린터 링크를 재활용하는 사업을 고르게 되었습니다. 지금의 클라우드 사업처럼 Monthly Charge가 가능했기 때문에 어느 정도 사업 수익이 되겠다고 생각했고 한인들 위주로만 영업을 해도 시작할 수 있겠다는 판단을 했습니다. 그런데 한두 번 프린트에 잉크를 만지다 보니까 '내가 여기서 뭐 하고 있나'라는 생각이 들기 시작했습니다. 그 직업을 비하하는 것이 아니라, 본인의 전문분야를 가진 사람들이 자신의 강점을 살려서 일을 해도 성공할 확률이 낮은데 내가 가진 장점들은 다 무시한 채 노동력을 기반으로 한 사업을 해서 현지에 이미 정착한 사람들과 경쟁할 때 얼마나 성공할 확률이 있을까 하는 생각들을 멈출 수 없었습니다. 그 결과 세 달 만에 시카고에서 시작한 사업을 접고 2010년 3월 한국으로 돌아오게 되었습니다.

그 힘든 과정에서 제가 힘과 용기를 얻을 수 있었던 게 저희 아내의 말이었습니다. 정말 대단한 사람입니다. (웃음) 그때 막내를 출산하고 생활이 힘들었을 때인데도 저에게 개의치 말고 당신이 하고 싶은 일을 하라고, 당신의 판단을 백 프로 믿고 존중한다고 해 줬습니다. 그리고 지금 타지에서 이렇게 헤매고 고생하는 순간도 10년, 20년 뒤에는 다 추억 중의 하나일 거라고, 그 기억을 아름답게 추억하려면 지금 하고 싶은 일을 원 없이 해야 한다고 용기를 줬습니다. 내색은 안 했어도 본인도 걱정이 많고 막막했을 텐데 저에게 무한한 애정과 응원을 보내 준 것을 너무나 고맙게 생각합니다. 그래서 그때, 나를 위해 이렇게 위해 주는 아내나 가족을 제대로 돌보기 위해선 나에게 더 맞는 자리로 가야겠다는 생각과 여러 고민 끝에 한국으로 돌아오게 되었습니다.

ⓠ 한국에 돌아온 후, 커리어패스(Career Path)가 궁금해요.

ⓐ 한국으로 돌아왔을 때, 영어를 유창하게 잘하지는 않았지만 주로 외국계 기업에 지원을 했습니다. 다시 새로운 일자리를 구할 때, 두 가지 생각을 했습니다. 첫째는, 제가 만약 대기업으로 들어간다 하더라도 거기서 신입부터 커리어를 쌓아 온 사람이 아니기 때문에 그 조직 내에서 기득권을 갖고 살아남기는 힘들겠다 생각했습니다. 둘째는 미국에 갈 때부터, 벤더나 외국계 기업의 지사장을 해 보고 싶다는 꿈이 있었기 때문에 한국에 돌아와서 주로 미국계 기업에 입사를 시도해야겠다는 것이었습니다. 아쉽게 최종 면접에서 잘 안 된 경우도 있었습니다. 그러던 시점에 운 좋게 LG CNS에 입사하게 되었습니다. 특별한 루트가 있었던 것은 아니고 인터넷에 공고 올라온 것을 보고, 홈페이지에 들어가서 지원을 했고, 그렇게 입사해 LG CNS에서 5년 6개월 동안 근무했습니다.

LG CNS에 근무하면서 의도하진 않았지만 홍콩, 싱가포르에 있는 관련 기업들과 업무적으로 교류가 많았습니다. 홍콩, 싱가포르에 출장도 자주 가고, 그쪽 고객이 한국으로 와서 비즈니스를 많이 하기도 했습니다. 중국이 많이 성장하는 시기이기도 했고 그런 업무 경험을 바탕으로 또다시 이직을 고민하는 시점이 왔을 때, 가능하면 홍콩, 싱가포르 관련된 기업이었으면 좋겠다고 생각했습니다. 다루는 프로덕트(Product)는 현재 다루는 것과 큰 차이가 없었으면 좋겠다 생각하던 찰나에 '화웨이'라는 기회가 오게 된 것입니다. 그 기회를 놓치지 않고 화웨이로 이직을 했습니다. 중국어는 전혀 못 했지만, 인터뷰도 영어로 진행했고 화웨이의 Official Language는 영어였기 때문에 근무하는 데 어려움은 없었습니다. 화웨이에는 만으로 5년 정도 근무했고, 네트워크 장비, 서버, 스토리지(Storage)를 국내 기업에 판매하는 세일즈 업무를 담당했습니다.

💬 **그러면 지금이 있기까지 상무님의 커리어패스만 보면 삼성전기, 하나로통신, 포스코 ICT의 조인트 벤처, 한국으로 돌아와서는 LG CNS, 그 다음은 화웨이까지, 굉장히 화려합니다. 모든 경력을 관통하는 게 IT 인더스트리(Industry) 인프라네요. 관련된 모든 레이어(Layer)를 거의 다 경험하시고, 심지어 직접 세일즈까지 해 본 경험이 현재 DRT 미국계 기업에 입사할 때의 자산이 되었던 거네요.**

🅐 저도 그렇게 생각합니다. 외국어 능력만 놓고 본다면 해외에서 대학

을 나오고 저보다 영어를 잘하는 사람들은 차고 넘치게 많습니다. 그것만 봤다면 굳이 저를 뽑지 않았을 겁니다. 데이터센터라는 건 센터 안에 장비를 갖다 놓을 수 있는 고객이 있어야 하는데, 하드웨어에는 그 사람들의 언어가 있습니다. 그 하드웨어에 어떤 서비스가 들어가고 그게 어떻게 연결되어야 하는지, 즉 네트워크적인 백그라운드가 있어야 고객과의 대화가 가능합니다.

데이터센터는 단순히 보면 하드웨어 가장 밑바닥에 있는 건물이라는 인프라임에도 불구하고 그 건물은 서버 스위치(Server Switch)와 같은 하드웨어와 그 안에 연결되는 네트워크 커넥티비티(Connectivity), 그리고 그 위에서 돌아가는 클라우드와 고객의 애플리케이션까지 연결되어 있습니다. 이런 게 다 응축되어 잘 동작하게 만들어진 시설이 데이터센터라고 생각합니다. 이런 지식 배경이 있어야 엔드커스터머(End-Customer)가 어떤 고충이 있고 어떻게 생각하는지를 알 수 있고, 같이 고민할 수 있는 것입니다. 그 과정들을 그 전에 제가 고객으로, 영업으로, 엔지니어로서 각각에 대한 인프라를 고민해본 것들이 많이 도움이 되지 않았나 생각합니다.

개인의 역량이 돋보이는 수 있는 반전의 기회가 될 코로나19 경제위기

ⓠ **마지막으로 코로나19 상황에 대해 이야기해 볼게요. 아직 극복되진 않았지만, 이 위기를 어떤 식으로 극복할 예정인지, 또 포스트 코로나시대에 대한 상무님의 견해는 어떤지 듣고 싶어요. 코로나로 인한 위기에 대해 얘기해 주세요.**

ⓐ 우리가 지금까지 얘기한 네 가지 굵직한 사건들이 우리의 일상에 엄청난 파도로 영향을 미쳤지만, 사건마다 타격을 입는 대상들이 조금씩 달랐던 거 같습니다. IMF 외환위기는 특히 중소기업들이 큰 영향을 받았고 심지어 대기업도 구조조정을 해야 할 정도로 기업들이 많은 영향을 받았습니다.

그런데 코로나 시국에서는 어떻게 보면 기업들은 일부 생산성에 영향을 받을 수 있었겠지만, 소상공인이나 개인 프리랜서들만큼 치명적이지는 않았던 것 같습니다. 일부 기업들은 오히려 코로나 시국을 기회 삼아 더 성장하기도 했습니다. 예를 들어, 게임이나 인터넷 관련 기업들은 위기를 기회 삼아 백 프로, 이백 프로 더 성장하기도 했습니다. 또, 택배나 배달 앱(App) 같은 사업들은 매출을 더 올렸습니다. 그래서 기업 입장에서만 봤을 땐 플러스도 있고 마이너스도 있던 파도라고 생각이 되지만, 소상공인이나 개인 프리랜서들에게는 생사에 위기가 올 정도로 어마어마한 영향을 미치지 않았나 생각이 됩니다. 제가 속한 IDC 사업이 지금 가장 핫한 사업군에 속하고 있습니다. 사실 저는 큰 타격을 받은 산업군에 속하지는 않았지만, 프리랜서로 일하는 아내가 프리랜서로 코로나 영향으로 일이 줄어들어 옆에서 안타깝게 지켜보고 있습니다.

Ⓐ 코로나19시대를 맞으면서 가장 큰 변화는 무엇인가 생각해 봤습니다. 재택근무나 화상회의가 많아진 것을 많이들 얘기하는데, 사실 이런 것은 어떻게 일하느냐, 'HOW'의 문제여서 큰 맥락에서 봤을 때 엄청나게 획기적인 변화는 아니라고 봅니다. 우리가 예전에 타자기로 일하다 컴퓨터로 일하는 정도의 변화라고 생각합니다. 이건 도구의 변화인 셈이었습니다.

저는 오히려 묻어가는 사람과 실제로 실력 있는 사람의 옥석이 명확하게 구분되는 것이 큰 변화라고 생각합니다. 기존 업무 방식에서는 좋은 아이디어를 가진 사원이 있어도 기업 회장에게 직접 보고를 할 수 없는 시스템이었습니다. 차장, 부장, 팀장을 거쳐서 보고가 가능했습니다. 이런 시스템 속에서 프리라이딩(Free-Riding)하는 사람이 생길 수밖에 없습니다. 조금 과장을 보태자면 대기업에 임원과 자리를 마련하는 게 자기 일인 사람도 있을 정도였습니다. 그런 사람들이 조직에서 생산성을 저하시키는 요인인데 코로나 시국 때문에 어쩔 수 없이 전체가 다 같이 화상회의를 하다 보니 그런 계층적인 벽들이 사라지는 겁니다. 그러면서 자연스럽게 실력 있는 사람들이 눈에 확 띄게 되는 것입니다. 맨날 숟가락만 얹던 사람들은 화상회의에서 한마디도 할 수 없게 되는 것입니다.

과거 제조업 쪽 대기업들은 수직적이고 인터넷, 게임 산업군에 있는 기업들은 수평적인 분위기를 많이 추구했는데 전반적으로 후자의 분위

기로 기업들이 많이 변화하는 추세라고 봅니다. 젊은 분들이 주목받을
수 있는 무대가 점점 넓어지고 있는 것입니다. 사회의 이런 변화와 분위
기 속에서 본인을 드러내기 위해서는 2030 세대는 저희 때보다 더 자기
계발에 집중하고 역량을 높여야 합니다. 그 시절처럼 한 직장에서 30년
직장생활을 꿈꾸며 입사하는 신입사원은 요즘 거의 없을 겁니다. 저는
중국 회사, 미국 회사를 경험하면서 개인이 능력만 있다면 10년 만에 사
장이 되는 경우도 많이 봤습니다. 꼭 층층을 거쳐야 한다는 우리나라 기
업 문화도 이제 그런 쪽으로 변화되고 있기 때문에 개인의 역량을 키우
고 어필할 수 있어야 한다고 생각합니다.

(본인이 처한 힘든 상황을 알리는 것,
미처 생각하지 못했던 기회의 가능성을 열 수도)

◎ **분위기를 바꿔 볼게요. 상무님이 직장생활을 하면서 행복했던 순
간이나 삶에 긍정적인 영향을 준 것이 무엇이 있나요?**

Ⓐ 사실 직장생활을 하면서 행복한 사람이 얼마나 있을지 모르겠습니
다. (웃음) 그런데 제가 확신하는 건 있습니다. 이건 비단 직장인뿐 아니
라 나이와 성별을 뛰어넘어 인간은 인정받기를 원합니다. 누군가에게
칭찬받기를 원하고 조직에 속한 사람은 그 조직 내에서 인정받기를 바
라는 것입니다. 저는 직장생활을 했기 때문에 직장 내에서 인정을 받는
것이 중요했고, 승진 혹은 임금 인상으로 인정에 대한 표현을 받는다고

생각합니다. 승진했을 때, 프로젝트를 성공했을 때의 성취감 또 그때 주변 동료들의 반응. 이런 것들이 직장인이 직장생활을 지속할 수 있게 하는 마력이라고 생각합니다.

ⓠ 인터뷰 초반에 4전 3승 1패를 하셨다고 했고, 그중에 상무님 개인에게 가장 큰 임팩트를 준 건 역시….

ⓐ 네, 1패의 글로벌 금융위기입니다. 미국에서 그걸 피부로 느낀 한국 사람이니까 남들은 해 보기 힘든 유니크한 경험이라고 볼 수 있을 것 같습니다. 글로벌 금융위기의 가장 큰 문제점인 실업을 현지에서 경험한 것이었습니다. 여태까지 저의 이직 현황을 봤을 때 대부분 다음을 결정해 놓고 사표를 냈는데 유일하게 다음 행보가 정해지지 않았는데 자리를 빼야 되는 상황이었습니다. 몇 개월을 백수로 지낸 잊지 못할 경험이었습니다.

ⓠ 그때를 이겨낼 수 있었던 루틴이나 상무님의 노하우가 있나요?

ⓐ 그런 상황에 몰리면 사람들이 움츠러듭니다. 기존에 알던 친구들과 인연을 끊고 잠수를 타기도 하고, '누군가 상황을 해결해 주겠지' 하며 막연하고 무기력한 생각을 많이 합니다. 그런데 저는 그럴 때일수록 친구들에게 더 연락을 하고 내 상황이 이렇다는 걸 알려야 한다고 생각합

니다. 그래야 그 사람들 중에 내가 미처 생각하지 못했던 사람이 '이런 기회가 있는데 한번 해 볼래?'라고 도움을 줄 가능성이 생긴다고 믿기 때문입니다.

저도 그 당시에 굉장히 우울했습니다. 생각지도 못한 위기에 몇 개월 간 백수 상태였고 막내아들까지 포함해서 아이 세 명과 아내, 다섯 식구가 수입 하나 없이 논다는 건 정말 쉽지 않았습니다. 그래도 저는 밖으로 나와서 사람을 만나고 내 상황이 이렇다는 걸 알리면서 제가 다시 취직하면 바쁠 테니까 이때라도 만나서 밥을 사라고 했습니다. (웃음) 많이 얻어먹었습니다.

그리고 제가 안정적인 자리에 있을 때, 저와 비슷한 처지에 처한 사람들을 만나면 그 만남이 전혀 부담스럽지 않고 좋았습니다. 지금 그 사람이 처한 상황이 그런 것이지 저는 그 사람이 절대 능력이 없어서 그렇게 됐다고 생각하지 않았기 때문입니다. 오히려 그 친구의 상황을 이해하고 혹시라도 좋은 기회가 생긴다면 그 사람에게 알려 줘야겠다고 생각했습니다. 그냥 그 정도로만 생각하지 절대 그 친구들을 무시하거나 부담이라고 여기지 않았습니다. 그러니까 혹시 지금 미국에서의 저처럼 힘든 상황에 처한 독자분들이 있다면 망설이지 말고 친구나 동료들에게 연락해 상황도 설명하고 위로도 받으면서 따뜻함도 느끼고 마음을 더 다잡으시라고 해 주고 싶습니다.

(본인의 의지와 판단을 잃지 않는 것,
직장생활을 오래 할 수 있는 원동력)

Ⓠ 마지막으로 독자들에게 승리자가 되기 위해 하고 싶은 말이 있다면 부탁드립니다.

Ⓐ 저는 살아오면서 제가 가지고 있던 고정관념들이 부딪히고 깨지면서 바뀐 부분들이 많이 있습니다. 사회생활 초반에는 능력이 있으면 무조건 많이 이직하고 움직이는 사람이 훌륭하다고 생각했는데, 이젠 살면서 그것만 훌륭한 건 아니라는 걸 알게 됐습니다. 한 회사에서 20년 자리를 지키는 사람도 대단하고 훌륭한 것입니다. 임원까지 올라가고 승진한다면 더할 나위 없이 좋은 것이었습니다. 사람은 모두가 각자의 자리에서 자신이 원하는 것을 위해 노력하는 게 중요한 것이고, 무엇보다 그게 '자신의 의지'에 의해 이뤄진다면 더 훌륭하고 좋은 것이 아닌가, 라고 생각을 하게 됐습니다.

다시 말하자면, 어떤 상황에 부닥쳤을 때, 이게 내 의지대로 가는 것인가 아닌가가 중요하다고 생각합니다. 사회 전반에 영향을 준 위기들이 내 삶에 영향을 미치긴 했지만, 그것들이 내 능력을 결정하는 전부는 아닙니다. 거기서 헤쳐 나와서 어떤 길로 갈지는 나의 결정이어야 하고, 나의 결정이 아닌 상태로 끌려가듯이 살면서 상황만 탓하는 건 바람직하지 못하다는 것입니다.

모든 사람이 불확실성 속에 살고 그에 대한 답은 어느 누구도 줄 수 없습니다. 저는 가장 좋은 방법이 다른 사람의 판단을 참고하고 주변에 조언을 구하되, 자신의 의지로 본인이 결정하는 것이라고 봅니다. 자녀를 교육할 때도 학원에 다니기보다는 자기주도학습으로 본인이 결정하고 본인이 책임지게 하고 있습니다. 제가 이 직장에서 10년을 더 다닐지

어떨지 미래는 아무도 모르는 것입니다. 하지만 어쨌든 나의 결정으로 이 직장에 들어왔기 때문에 나의 판단으로 일을 이끌어 가고, 또 올해는 어떤 일을 어떤 식으로 하고 싶다는 나의 주관적 의지가 제일 중요하다고 말하고 싶습니다. 물론 일정 부분은 동료나 보스에게 맞춰 가며 직장 생활을 해야겠지만 '내가' 맞춰 가겠다는, 주체가 '나'인 삶이 가장 중요하다고 생각합니다.

지금 막 직장생활을 시작한 후배들에게 하고 싶은 조언은, 어쨌든 주체가 '나'인 직장생활, 팀장이 시켜서가 아닌 내가 하고 싶어서 하는 나의 일, 나의 아이디어, 이건 내가 하는 일, 주어가 '나'인 일을 밀고 나가고, 하는 것이 직장생활을 오래 유지할 수 있는 원동력이라고 말해 주고 싶습니다.

◎ **저는 사회생활을 막 시작한 사회초년생이 아닌데도 상무님과의 인터뷰를 통해서 느끼고 배운 게 참 많다는 생각이 드네요. 긴 시간 인터뷰에 응해주셔서 감사합니다.**

Ⓐ 저도 감사합니다.

네 번째 잔

DVS 네트웍스
사장

시규근

ⓠ **안녕하세요, 자기소개 부탁드립니다.**

Ⓐ 안녕하세요, 저는 DVS 네트웍스 사장 시규근입니다.

ⓠ **DVS 네트웍스 회사와 하는 사업에 대한 소개 부탁드립니다.**

Ⓐ DVS 네트웍스는 2004년에 설립된 글로벌 통신 서비스 및 운영유지 업체입니다. 쉽게 말하자면, DVS 네트웍스는 해외에 진출하려는 많은 기업의 해외 지사와 한국 본사 간의 각종 통신 네트워크 구축을 지원하고 운영을 보조하는 역할을 하고 있습니다. 이전에 존재하지 않던 서비스로 한국의 IT 선진화와 함께 커 온 업종이라고 볼 수 있습니다. DVS의 역사가 한국 IT 발전의 역사라고 할 수 있습니다. 세부적으로는 한 가지 서비스로 규정하긴 어려울 만큼 다양한 서비스를 제공하고 있습니다.

주 고객층은 해외에 진출하려는 기업으로 최소 해외 각국에 지사나 공장을 세울 만큼의 규모가 있는 대기업이 주를 이룹니다. 삼성그룹, 현대그룹, 각종 금융 기관들, 네이버나 넥슨 같은 IT 기업 등 넓은 범위의 고객층을 보유하고 있습니다. 국내에 있는 고객들이 이용 가능한 서비스를 제공하는 기업이 아니라 일반 소비자들에게 친숙하지는 않습니다.

또, DVS 네트웍스는 미국과 홍콩에 각각 지사를 설립하여 운영하고 있고 일본, 싱가포르, 독일 등 10개 국가에 아웃소싱 업체도 운영 중입니다.

ⓠ 시사장님의 롤모델이 있나요?

Ⓐ 회사생활에 대한 롤모델을 따로 둔 적은 없습니다. 사업도 우연히 시작하게 되었고 '회사를 크게 키워서 글로벌 기업으로 만들겠다!' 하는 포부나 큰 꿈을 갖고 있지도 않았습니다. (웃음)

저는 '걸어서 지구 세 바퀴 반'이라는 책을 읽고 큰 감동을 받았던 기억이 있습니다. 굳이 롤모델을 찾자면 그 책의 저자 '한비야' 씨를 꼽고 싶습니다. 언젠가 회사를 은퇴하고, 혹은 그전이라도 기회가 될 때마다 세계 각국을 여행하고 싶은 게 제 꿈입니다.

ⓠ 1998년 IMF, 2000년 IT 버블, 2009년 글로벌 금융위기를 지나 지금 코로나 시국까지, 한국 경제에 큰 타격을 준 네 가지 큰 사건들이 있습니다. 사장님도 직장생활을 하며 모두 겪어 온 일련의 과정인데, 개인적으로 4전 몇 승 몇 패로 승률을 볼 수 있을까요?

Ⓐ 어떤 것을 '승'으로 봐야 할지 참 애매합니다. 제가 봤을 때, 앞에 언급한 사건들이 제 인생에 마이너스나 실패를 경험하게 만들지는 않았습니다. 4전 4승이라고 하겠습니다.

Q 4전 4승이라니, 굉장합니다. 그러면 시간 순서대로 지사장님의 4승에 대해 이야기해 보겠습니다. 1998년 IMF를 어떻게 경험하셨나요?

Ⓐ 제대하고 본격적인 직장생활은 1996년 온세통신에서 시작했습니다. 98년도 IMF 때, 막 설립된 통신 회사에서 근무한 지 만으로 2년이 넘는 시점이었습니다. 그 정도 연차의 직원이 느끼기에 특별한 위기라고 할 만한 것은 없었습니다. 신문에서 본 것처럼 직장에서 잘리고 월급이 깎이고 하는 그런 상황들이 통신 산업 쪽에서는 많이 발생하지는 않았습니다. 회사에서 이면지를 써야 하고, 점심시간엔 전체 다 소등을 해야 하는 일종의 절약을 강요당하는 정도였습니다. (웃음)

개인적인 삶에서는 아이도 생겼고 대출을 받아 집을 마련했는데 금리가 오르는 바람에 연탄보일러를 때는 아파트로 이사를 가야 했던 점이 힘들었습니다. 대출금을 줄이기 위해서 어쩔 수 없는 선택이었습니다. 그 당시를 겪은 다른 분들이 느낀 고통에 비해 삶에 불편을 느꼈을 정도에 그쳤기 때문에 굳이 '큰 승리'는 아니어도 '패배'라고 할 수는 없다고 생각합니다.

🅐 다들 생각하시는 것처럼 이직을 통해 경제적 보상이나 지위의 변화를 꿈꾸고 이직한 것은 아닙니다. 이직에 대한 확고한 생각이 있었던 것도 아니었습니다. 다만, 직장생활 3년 차에 접어드니까 직장생활이 새로운 것도 없고, 너무 무료하다는 생각이 들었습니다. 보통 그 연차 되면 드는 생각들 있지 않습니까? 나의 능력에 대해 대접도 못 받는 것 같고 일도 재미가 없고 하는 생각들 말입니다. 그리고 마침 그때 당시가 신세계통신이나 KTF 같은 많은 통신 회사가 설립되던 시기였습니다. 통신 분야에 많은 인력이 필요한 시점이었습니다. 통신 회사에서 직원을 채용하려면 그 당시에는 전문화된 인력이 많이 없던 시절이라 보통 통신 회사 업무 경력이 있는 경력직 직원들을 많이 데려왔습니다. 기존 회사보다 5% 연봉을 더 주는 것이 평균적인 처우 개선이었습니다.

온세통신 직원 수가 그 당시 250명 정도 되었는데 우스갯소리로 250명 중 200명 정도가 하나로통신에 원서를 냈다는 말이 있었습니다. (웃음) 그때 많은 통신 회사에서 인력을 채용하기도 했지만, 그중에 하나로통신이 눈에 띄었던 이유는 인터넷을 통해 간단하게 입사원서를 제출할 수 있었고, IT 붐이 한창이었던 때에 상당한 우리 사주 배정을 기대할 수 있었기 때문입니다. 저도 그렇게 주변 사람들을 따라 하나로통신에 원서를 내고 운 좋게 입사하게 되었습니다. 크게 보자면 IMF 시절에 포함되고 여전히 그 여파가 남아 있는 때였지만 아이러니하게도 통신 관련 회사가 많이 설립되면서 통신 산업분야는 이때가 황금기였습니다.

ⓠ 2000년 IT 버블 때로 넘어가 보겠습니다. 그때 하나로통신에서 직장생활을 하던 시절이셨죠?

🅐 네, 맞습니다. 하나로통신을 다니며 국제 업무를 시작하던 때입니다. 그 때까지는 국제전화 서비스를 하는 몇 개의 통신 회사에서 국제전화 서비스를 위해 해외 사업자와 협상을 하는 수준의 소규모 업무로 국제 업무가 그쳤습니다. 국제 업무라고 할 수 있는 업무가 크게 존재하지 않던 시절이었습니다. 그러던 중 한국에서 초고속 인터넷 서비스를 시작했고, IT 버블과 맞물리면서 급속도로 성장하고 팽창하는 계기가 되었습니다.

이러한 배경 속에서 저는 '하나로통신' 초고속 인터넷 회사에서 통신 업무 네트워크 확장을 위한 국제 업무를 최초로 맡게 되었습니다. 국제 초고속 인터넷망 구성을 위한 업무를 최초로 맡았다는, 국제 통신 인더스트리 1세대라는 자부심이 있습니다. 그래서 IT 버블 시절 역시, 국내로만 제한되었던 서비스가 국제 무대로 확장되면서 저 자신에게나 통신 산업군에나 확장할 수 있는 기회의 발판이 되었습니다.

하나로통신에서 국제 업무를 담당하던 시절에 대한 기억이 지금도 생생합니다. 제가 86학번인데 저희 때는 당연히 어학연수가 보편화 되지도 않았고 지금처럼 영어 공부가 듣기나 말하기 위주가 아닌 철저한 문법 위주였습니다. 카세트로 듣는 영어가 다였습니다. 그래서 저는 그 시절 제 영어를 '서바이벌 잉글리시'라고 부릅니다. 스스로 독학하는 수밖에 없었기 때문입니다. 말 그대로 살아남기 위해서 말입니다.

1999년도에 하나로통신으로 이직해 일을 시작했습니다. 한국에서 최초로 하나로통신이 초고속 인터넷 ADSL 서비스를 도입했고 해외 네트워크에 대한 필요성이 커진 시점이었습니다. 해외 네트워크를 구축하고 확장해 나가는 게 저의 업무였습니다. 그 당시는 지금처럼 인터넷에 전화번호나 이메일이 다 나와 있고 그걸 이용해 통신을 하는 것이 보편화 되지 않았습니다. 해외 통신 사업자를 알아낸 후에 무역협회에 가서 전화번호를 찾아 한 명 한 명 전화로 연락하는 게 당연했습니다. 지금은 상상도 할 수 없는 업무 프로세스이긴 합니다만, 그때는 그랬습니다. (웃음)

전화번호를 알아내고 할 얘기를 미리 A4 용지에 영어로 빽빽하게 적어 놓고 수화기를 들었습니다. 커뮤니케이션은 양쪽이 서로 주고받는 것인데 저는 제가 하고 싶은 말만 쏟아 내니까 당연히 제대로 된 대화가 이루어지지 않았습니다. 그래서 제 출근 시간이 새벽 4시로 바뀌었습니다. 원래는 오전 9시까지 출근이었는데, 다른 사람들이 있는 곳에서 전화를 하기엔 제 영어가 너무 창피하고 식은땀이 나서 스스로 출근 시간을 앞당겼던 게 기억이 납니다. 아무도 없는 깜깜한 사무실에 출근해 제가 불을 켜고 해외 업체에 전화를 돌렸습니다. 제가 부지런해서 일찍 출근한 것이 아니었습니다. 영어를 못하는데 국제 업무를 맡았으니 저에겐 굉장한 고난이었습니다. 직장생활을 하면서 새벽에 영어학원을 다니기도 했는데, 그것은 진급 시험 통과를 위해 토플 공부를 한 것이라 스피킹을 위한 공부는 아니었습니다. 하지만 제가 성과를 내고 업무를 진행하기 위해선 영어는 꼭 필요한 역량이었기 때문에 생존을 위해 고군분투할 수밖에 없었습니다.

(현실과 이상의 괴리감을 느낄 수밖에 없던
하나로통신에서의 직장생활 '황금기')

ⓠ 그럼에도 업무를 굉장히 잘 해내셨던 거 같아요. 하나로통신에서 커리어의 한 획을 그으신 걸 보니까요.

ⓐ 지나고 보니 저는 회사생활하는데 큰 철학은 없이 지냈던 거 같습니다. 그럼에도 제 직장생활의 황금기는 하나로통신에서 3년 동안 국제 업무를 맡았던 때라는 점은 부정할 수 없을 거 같습니다. 초고속 인터넷을 세계 최초로 시작해서 세계 각국의 정보 통신 규제 기관이나 기간 통신 사업자들에게 강연과 사업자 협력을 하러 다녔습니다. '세계 최초'라는 타이틀을 항상 달고 다니면서 일을 했기 때문에 다른 사람들 눈엔 굉장히 멋있어 보이는 일을 한 셈입니다.

국내에서 제 직급은 과장이었는데 해외에 나가는 순간 한국 대기업 하나로통신의 대표자로 대접을 받다 보니 영화나 드라마에서 보던 글로벌 비즈니스를 하는 멋진 샐러리맨의 모습이 그 시절 저의 모습이었습니다. 그래서 일상생활에서의 제 삶과 괴리감이 굉장히 컸습니다. (웃음) 해외출장을 가면 좋은 비즈니스호텔에서 멋진 신사 양복을 입고 토스트랑 커피를 조식으로 먹곤 했는데 집으로 돌아오는 순간 25평 아파트에서 돈을 아끼느라 비싼 커피는 꿈도 못 꾸는 현실로 돌아왔습니다.

그런 괴리감을 받아들이고 적응하는 데 어려움이 있었습니다.

💬 **그런 직장생활은 아무나 경험해 보기 힘든 건데, 그럼에도 20 04년에 DVS 네트웍스를 창업하고 사업을 시작하셨어요. 사업 에 대한 목표가 생겼나요?**

🅐 아니요. 사업을 하기 위해 하나로통신을 퇴사한 건 아닙니다. 여러 가지 이유를 들 수 있겠는데요, 그 당시에 하나로통신이 조금 불안했던 시절이었습니다. 회사 주인이 외국 기업으로 바뀌었다가 또 다른 대기업으로 다시 경영권이 넘어가기도 하고, 그런 불안함이 직원들에게도 전해졌습니다. 그리고 그때는 대부분 직장인의 꿈이 임원 직급을 달고 사장까지 해 보는 것이었는데, 2000년 IT 버블 이후로 제가 이 회사에서 그렇게 높은 자리까지 올라가긴 쉽지 않겠다고 판단을 했습니다. 그러다 2003년 12월 29일에 하나로통신에서 딱 이틀의 시간을 주면서 명예퇴직 신청을 받았습니다. 명예퇴직금도 상당했고 여기를 그만둬도 재취업을 할 수 있을 거라는 자신감이 있었습니다. 만 서른넷의 나이였는데 공고를 보고 한 시간도 되지 않아 사표를 제출했습니다. 외부적인 요인 이외에 개인적으로는 인생에 대한 지루함, 변화 없는 직장인생의 무료함에 대한 반발도 있었습니다. 그런 느낌을 받고 있을 때 딱 맞춰 명예퇴직을 받는 공고가 떴고 순간적으로 이때다 싶어 퇴사를 결정했습니다. 물론 단순히 그것만 가지고 퇴사를 결정하진 않았습니다. 일반 직장인으로 누리기 힘든 것들을 느끼며 직장생활의 황금기를 맞기는 했지만, 반대로 엄청난

과로에 시달릴 수밖에 없었습니다. 미국으로 무박 3일 출장은 당연했고 제 하루 수면 시간이 3~4시간 정도밖에 되지 않았습니다. 거짓말 하나 안 보태고 하루에 근무 시간이 15시간 이상이었습니다. 당연히 해외 업체와 일을 하다 보니 시차가 있었고 퇴근 후에도 업무가 이어질 수밖에 없었습니다. 지금처럼 이메일이 활성화되어 있지 않고 팩스나 전화로 유일한 통신 수단이던 시절이라 자다가 전화를 받는 게 부지기수였습니다. 업무 강도가 높은 수준을 뛰어넘는 정도였습니다. 그래서 제 삶은 점점 피폐해졌습니다. 99년도에 아이가 태어나서 한창 커 가던 때였는데 애를 돌보거나 양육을 보조하는 건 꿈도 꿀 수 없었습니다. 아이가 커 가는 걸 함께하지 못한다는 것에 아쉬움이 가장 컸습니다.

고객 만족을 위해 시작한 창업이 2년 만에 100억 매출의 회사로 성장하기까지

퇴사를 하고 두 달 동안 해외여행을 다니며 에너지를 충전하고 3월에 아시아 액세스 텔레콤(Asia Access Telecom)이라는 미국계 통신사에 재취업을 했습니다. 아시아 액세스 텔레콤은 한국과 싱가포르에 지사를 두고 전 세계를 대상으로 보이스 홀세일을 전문으로 하는 기업이었습니다. 저는 그중에 미국 서부와 아시아 태평양 지역을 관할하는 본부장 역할을 했습니다. 저는 당연히 한국 지사 소속이었는데 저만 따로 사무실을 빼서 지사와 먼 위치의 곳에 사무실을 구해 혼자 근무했습니다. 그러던 중 몇몇 뜻이 맞는 사람들끼리 시작한 것이 'DVS 네트웍스'의 시작점이었습니다. 처음에는 돈을 벌기 위한 목적이 아닌 고객관리 차원에서 만든 서비스가 그 시작이었습니다. 그 당시 해외여행 가는 사람들을 위한 선불카드가 인기였는데, 이 선불카드를 사용에 필요한 국가별 접속(Access) 번호를 제공했던 게 첫 번째 서비스였습니다. 제가 속한 회사에서는 이런 간단한 서비스는 제공하지 않았고, 저와 뜻을 함께한 친구들이 소속된 회사에서도 마찬가지였습니다. 제 입장에서는 저희 상품을 이용하는 고객이 이런 조그마한 서비스를 요청했을 때, 그것을 제공해 주지 못한다는 것에 대한 미안함이 컸습니다. 이런 불편함을 해결해 주고자 제가 직접 서비스를 만들었습니다. 그런데 가공을 하려고 보니 회사가 필요했고, 회사를 만들기 위해선 당연히 사업자등록증이 필요했습니다. 이런 식으로 제공하는 서비스의 범위가 넓어지면서 만들어진 회사가 'DVS 네트웍스'입니다. 각자 다른 회사에서 근무하던 친구들 5명이 회사를 하나 만들고 데이터에 대한 요구사항이 올 경우 본인들의 회사 안에서 제공 불가능한 서비스는 이 회사를 통해서 고객에게 서비스를 제공하자는 뜻으로 시작하게 된 것입니다. 그렇게 1년 정도 더블 잡(Double Job)으로 일하다 1년 뒤 다니던 회사를 그만두고 DVS 네트웍스로 옮기게 되었습니다.

💬 **DVS 네트웍스의 시작이 꼭 스타트업 성공 영화 같네요. 꾸준히 성장할 수 있던 노하우가 있나요?**

🅐 처음부터 특화된 자체적인 상품 구조를 가지고, 또 네트워크를 갖고

시작한 회사가 아니었습니다. 그래서 '고객이 원하는 서비스라면 뭐든지 제공해 준다'가 DVS의 최초 모토였습니다. 글로벌 네트워크가 커지고 초고속 인터넷망이 확대되면서 수반되는 부수적인 업무들이 많습니다. 해외 IDC 상면 요구사항이나, 그에 따른 운영유지 등을 예로 들 수 있습니다. 당시 한국부터 해외까지의 케이블망은 국내 기관 사업자들이 가지고 있었지만, 해외 팝부터 엔드 사이트(End-Site)까지 가는 로컬망에 대해서는 국내 업체들이 어떤 정보나 콘텐츠도 제공하지 않았습니다. 제 경험을 바탕으로 이런 부수적인 서비스의 필요성을 채워 주는 것이 시작이었습니다.

가장 주요한 성공 요인을 꼽자면, 하나로텔레콤에 근무하며 국제 통신 1세대로서 쌓은 인맥과 기본적인 지식이 지금의 성공을 있게 한 큰 자산이 되었습니다.

(성실함을 바탕으로 쌓은
글로벌 인맥 사업 성공의 밑거름이 되다)

ⓠ **시사장님이 하나로텔레콤에서 쌓은 인맥이 DVS 네트웍스 설립 이후 3년 만에 매출 100억 원을 기록하는 성장의 초석이었네요.**

ⓐ 네, 그렇다고 할 수 있습니다. 이런 서비스를 시작할 수 있었던 것도 99%가 해외 인맥 덕분이라고 자신 있게 말할 수 있습니다.

하나로텔레콤에 근무하며 가정에 소홀했던 부분이 많았다고 했는데 대부분 시간을 일과 해외 거래처 사람들을 응대하는데 보냈습니다. 그 당시에 현실적으로 부딪혔던 것이, 제가 과장 직급으로 근무할 때 세금을 떼고 제 손에 떨어지는 월급이 350만 원 정도였는데 집에 생활비로 가져다주는 돈이 50만 원이 안 됐습니다. 남은 300만 원으로 대체 뭘 했는지 궁금하시죠? (웃음) 그때는 법인카드라는 게 있긴 했지만, 임원급 이상만 가질 수 있었고 한도도 굉장히 낮았습니다. 그래서 해외에서 손님이 오면 밥도 사고 커피도 대접해야 하는데 그런 빈도가 많고 별다른 방법이 없어서 결국에는 제 월급으로 충당하는 수밖에 없었습니다. 이렇게 제 월급을 써 가며 몇 년에 걸쳐 쌓은 소중한 인맥들이었습니다. 하나로텔레콤에 근무하며 만날 때는 제가 '하나로텔레콤'이라고 적힌 모자를 쓰고 그들을 상대했다면, 퇴사 후에는 제가 그 모자를 벗고 서로를 지지해 주는 인맥으로 남게 되었습니다. 이것도 사람이 하는 일이고 사람을 상대하는 일이다 보니 그렇게 되었습니다.

인맥을 쌓을 수 있던 비결은 사람과 사람과의 일이라 정을 쌓기 쉬웠던 것도 있지만, 워라밸 없이 맨땅에 헤딩하는 심정으로 성실하게 고객을 대했던 것이라고 생각합니다. 국내에 통신업 쪽에 저보다 더 잘 아는 훌륭한 분들이 훨씬 많을 것이라 생각합니다. 그분들과 저의 차이점은, 그분들은 정해진 시스템 안에서 정해진 사업체와 정해진 업무를 한다는 것이고, 저는 범위가 없는 일을 기존에 답습해 온 시스템 없이 갑이 아닌 철저한 을의 위치에서 업무를 하다 보니 인간관계가 더 끈끈하게 남아 있던 게 성공의 비결이라고 생각합니다.

ⓠ 통신업 관점에서 봤을 때 코로나 전후에 달라진 것은 어떤 부분이 있나요?

ⓐ 코로나로 인해 언택트시대가 왔다고 하는데 저는 이것은 하나의 트렌드라고 생각합니다. 코로나로 인해서 변한 게 아니라 코로나의 상황 때문에 약간 앞당겨진 것입니다. IT 관점에서 IT의 변화를 만든 큰 분기점들이 있는데 최초는 2000년 초고속 인터넷의 등장입니다. 그로 인해 우리 삶의 속도가 빨라졌습니다. 그다음이 스마트폰의 등장입니다. 휴대전화에서 단순히 문자나 통화 서비스만을 제공하는 것이 아니라 내 손안에 컴퓨터가 들어오면서 생활의 속도와 범위가 넓어졌습니다. 그리고 현재까지는 2차원적인 문자나 사진 위주였다면 이제 동영상으로 넘어가는 추세입니다. 코로나로 인한 언택트시대가 앞당겨지면서 사진 위주에서 보다 많은 정보를 제공할 수 있는 동영상 위주로 콘텐츠의 중심이 변화한 것입니다. 동영상의 수요가 많아지면서 빠른 속도로 대용량 콘텐츠를 수반할 수 있는, 동영상을 활성화할 수 있도록 고화질, 대용량에 대한 네트워크가 등장할 수밖에 없는 추세가 되는 것입니다.

ⓠ 직장생활 중 가장 기억에 남거나 행복했던 기억은 무엇인가요?

ⓐ 직장생활의 가장 큰 행복은 진급을 하고 월급이 오를 때가 아닌가요? (웃음) 사실, 저 같은 경우는 홍콩출장에 가서 묵었던 호텔에서의 야경이 가장 기억에 남는 일입니다. 기업의 해외출장비가 넉넉하지 않아

보통 3성급, 4성급 호텔에서 투숙했는데, 한번은 파트너 협력사의 제휴 호텔이 있어서 합리적인 가격으로 최고급 호텔에 투숙했던 적이 있습니다. 저녁에 일을 마치고 가장 높은 층인 제 방에서 아래를 내려다보는데 홍콩의 침사추이 야경이 아래로 쫙 보이는데 제가 뭐라도 된 것 같은 뿌듯함과 행복감이 몰려왔습니다. 그때 '계속 이렇게 살고 싶다', '계속 이렇게 직장생활을 할 수 있다면 원이 없을 것 같다' 하는 생각이 들었습니다. 그 '순간'에 매료되어 든 생각이었지만 그때 눈 앞에 펼쳐진 아름다운 광경이 여전히 선명하고, 잊을 수 없는 기억이 되었습니다.

> 내가 원하는 일을 집중하며 할 때 느끼는 만족도도
> 워라밸의 중요요소

◎ **IMF, IT 버블, 글로벌 경제위기에 코로나까지 이런 위기들을 겪으셨지만 결과적으로 지사장님은 계속 성장하셨네요. 워라밸 없이 일했던 게 사업에 큰 도움이 되었고, 노력 없이 성공할 수 없다는 게 보편적인 진리지만, 그걸 직접 피부로 느끼셨고요. 포스트 코로나시대를 준비하는 후배들에게 어떤 조언이나 들려주고 싶은 얘기가 있으신가요?**

Ⓐ 사업이든, 공부든, 사람이 하는 거의 모든 분야에서 성공하려면 꼭 필요한 기본이 있습니다. 당연한 소리지만 적당한 지적 수준을 가지고 성실하고 열심히 해야 한다는 것. 그것이 가장 기본입니다. 한 가지 예

를 들어 보겠습니다. 오후 6시면 퇴근하는 문화에서 근무하고 있고 퇴근 준비 중인 5시 50분에 미국 거래처에서 어떤 사안에 대한 문의가 왔다고 가정해 봅시다. 내가 퇴근할 시간이 다 됐다고 해서 다음날 오전에 답장을 하게 되면 시차로 인해 미국 고객사는 이미 퇴근한 이후가 될 것이고, 결국에는 그다음 날에 와서 답장을 보게 될 것입니다. 본인이 뭔가를 요청하거나 문의했을 때 고객사 입장에서는 이틀이 지나 답장을 받는 상황이 됩니다. 요즘 같이 속도가 중요한 시대에 이틀이라는 시간은 어마어마한 차이를 만들어 낼 수 있는 시간입니다. 반면 그 자리에서 바로 답장한 다른 업체가 있다면 해외 파트너사 입장에서는 오전에 보낸 메일이 오후에 바로 답변이 오는 것으로 피드백이 빠르다고 받아들일 겁니다. 한 시간의 차이가 이틀의 차이를 만들어 내고, 이 이틀이 성공의 엄청난 차이를 만들어 낸다는 것, 업무에 대한 목표와 성실함이 가장 기본이기 때문에 이 기본을 항상 생각하자는 것입니다.

이렇게 얘기하면 워라밸 없이 일만 하고 살라는 것이냐고 받아들일 수 있을 것 같아 한 번 더 얘기하자면, 아까 제 롤모델로 한비야 씨를 꼽은 것처럼, 저는 취미가 여행이고 특기가 여행인 사람입니다. 업무에 집중도가 높기도 하지만 삶의 여유를 즐기는 데 얼마든지 투자하는 사람입니다. 제가 생각하는 워라밸의 기본은 자기가 좋아하고 원하는 일을 통해 행복감을 느끼고 삶의 질을 높이는 것이라고 생각합니다. 무의미한 킬링타임을 통해서는 느낄 수 없는, '내가 원하는 일에 집중하며 느끼는 행복도 결국은 워라밸의 중요한 요소다'라는 것입니다. 또 현실적으로 보자면, 노후의 삶을 위해 젊었을 때는 어느 부분은 포기하고 스케줄을 조정하는 것도 필요하다는 얘기입니다. 모든 것을 포기하고 일만

하라는 이야기는 분명히 아닙니다.

ⓠ 성공을 위한 시사장님만의 습관이나 루틴이 있다면 소개 부탁드립니다.

ⓐ 말했듯이 저의 성공의 비결은 휴먼 릴레이션십(Human Relationship)입니다. 좋은 인간관계는 상대방에게 부지런해야 합니다. 백 번의 이메일보다는 전화 한 번이 낫고, 전화 백 번보다는 한 번 얼굴 보는 게 낫다는 것이 저의 지론입니다. 이런 식으로 한 번 더, 한 번 더 하려면 본인이 부지런해지는 수밖에 없습니다. 상대방에게 진심을 다하는 것, 내가 입 밖으로 꺼낸 말은 설령 손해를 보더라도 지키는 것이 상대방에게 믿음을 주고 인간관계를 끈끈하게 만드는 토대가 된다고 생각합니다. 이건 비단 직장생활에서의 사람 관계뿐 아니라 보편적인 인간관계에 모두 적용되는 중요한 부분이라 이제껏 그래 왔듯이 앞으로도 이러한 습관을 유지해 나갈 생각입니다.

ⓠ 시사장님 인터뷰를 통해 많은 분이 인간관계의 중요성에 대해 느끼지 않았을까 싶습니다. 긴 시간 인터뷰해 주셔서 감사합니다.

ⓐ 감사합니다.

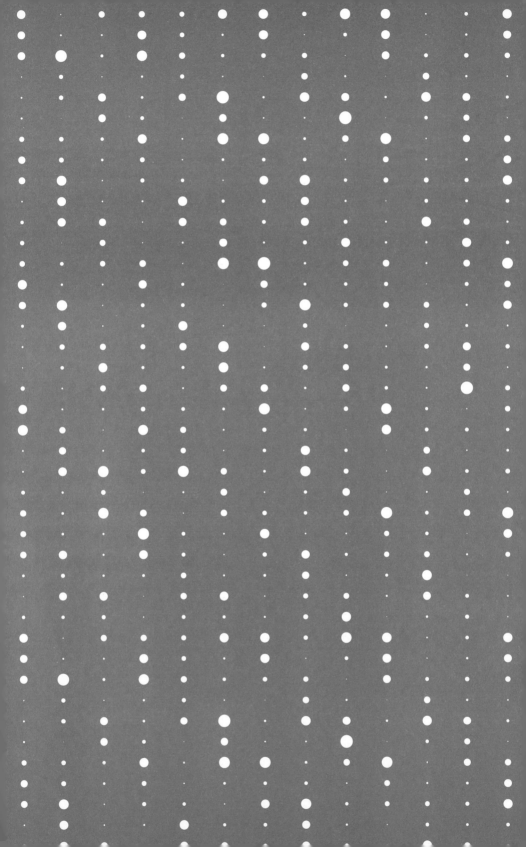

다섯 번째 잔

워터월시스템즈
전무

신강우

ⓠ 안녕하세요, 전무님. 워터월시스템즈 회사에 대한 소개 부탁드려요.

Ⓐ 워터월시스템즈는 내부정보 유출 방지 솔루션을 개발, 공급하는 회사입니다.

기존 해킹이나 보안시장이 외부에서 침입하는 것을 막는 데 치중했다면, 내부자에 의해 정제되고 확실한 가치가 있는 정보들이 컴퓨터를 통해 빠져나가는 걸 막는 게 더 중요하다고 생각하여 시작하게 된 회사입니다. 파이어월과 반대되는 개념의 워터월로 개념을 잡았습니다. 주고객사로는 LG전자가 2004년부터 전 세계 50개 국가에서 저희 제품을 사용하고 있고, 현재 금감원을 비롯해 경찰청에도 파출소를 포함해 20만 대 가까이 되는 PC에 저희 프로그램을 설치하고 있습니다. 첫 번째 유저는 국방부였습니다. 이 콘셉트로 사업을 시작한 것은 저희 회사가 최초입니다. 기존에 안티바이러스에 약간의 자산관리 개념의 솔루션은 있었지만, 내부 유출 방지에 대한 솔루션은 없었기 때문입니다. 경쟁사에 비해 고객 수도 가장 많이 보유하고 있습니다.

💬 **2004년 워터월시스템즈에 함께하시기 전까지 전무님의 커리어패스가 궁금해요.**

🅐 그전에는 동양 시스템즈, 한국 EMC, 코오롱 정보 통신에 근무했습니다. 동양시스템즈에선 SI 사업, 코오롱 정보 통신에서는 EMC 사업팀장으로 일했습니다.

💬 **전무님의 롤모델이 있나요?**

🅐 한국 EMC에 다닐 때 저희 담당 부장님을 꼽고 싶습니다. 외국계다 보니 영어도 잘하셨고 일도 멋지게 하시는 분이었습니다. 무엇보다 열정적으로 일하시는 모습이 멋있어서, 영업 쪽 일을 하면서 저분처럼 일하면 되겠다고 생각했습니다.

(하드웨어에서 소프트웨어로,
프로그래머에서 영업으로)

💬 **1997년도 IMF 때 전무님의 경험이 궁금해요. 경제위기를 어떻게 극복하셨나요?**

🅐 1997년도에 동화제약 계열사인 SI 업체에서 개발 업무를 담당했습

니다. 그곳이 제가 사회생활을 시작한 첫 직장이었습니다. 그 당시에 프로그래머를 찾기 힘들었던 시절이라 어렵지 않게 들어갈 수 있었던 거 같습니다. 당시 IMF 상황이었지만, 현실적으로 일이 너무 바빠서 그런 상황을 느낄 틈이 없었습니다.

지나고 나서 보니, 직장을 구할 때 산업을 잘 선택해야 하는 것 같습니다. 동화제약은 박카스라는 대표적인 제품이 있고, 그런 제품들은 사회 상황이 어떻든 위기가 없기 때문입니다. 상황이 안 좋을수록 오히려 더 잘 팔리기도 합니다. 기업을 선택할 때, 미래 가능성도 중요하지만, 정통적으로 잘 팔리는 대표적인 프로덕트를 갖고 있는 것이 중요하다고 생각하게 되었습니다.

💬 프로그래머로 시작해서 한국 EMC 영업으로 이직하셨는데요?

🅰 적성에 안 맞았습니다. 그 당시에 동양시스템즈가 유명한 회사이긴 했지만 업무를 하면서 재미없다는 생각이 들었습니다. 그리고 SI 쪽에서 일을 하고 싶다는 생각이 들기도 했습니다. 그때 한국 EMC가 한국 시장에 적극적으로 투입하려고 엄청난 연봉으로 사람들을 뽑고 영업사원들도 많이 끌어들였습니다. 그래서 저도 2000년, 2001년 사이에 한국 EMC로 가게 되었습니다.

ⓆIT 버블 시기네요. 어떠셨나요?

Ⓐ 경제적으로 힘든 점은 없었습니다. 그렇지만 당시에 영업을 하면서 스토리지가 뭔지 설명을 해야 했습니다. 금융권은 달랐지만, 제조사나 일반 기업들은 이게 뭔지, 시장에 어떻게 적용해야 하는지, 하나하나 설명을 해야 했습니다. 지금은 빅데이터시대라서 굳이 말하지 않아도 잘 나가고 있습니다.

Ⓠ그 후에 코오롱 정보 통신에서 팀장까지 하시다가 이직한 이유가 궁금해요.

Ⓐ 같은 산업군 사람들끼리 하는 속된 말로 '박스 장사'가 지치기도 했고요, (웃음) 좀 더 의미 있는 솔루션을 찾다가 보안 쪽으로 눈을 돌리게 되었습니다. EMC에서 일할 때도 오더 넣고 수입해서 유통하는 역할이 커서 물류 장사 같은 느낌도 있었고, 재미가 없었습니다. 매출도 볼륨만 중요해서 좀 더 의미 있는 솔루션을 판매하고 싶었습니다.

Ⓠ사회생활 시작하시고 7년 동안 하드웨어 쪽에 있다가 워터월시스템즈 솔루션 쪽으로 가셨어요?

Ⓐ 2004년 11월에 조인했습니다. '이런 보안 쪽 솔루션은 해 볼 만하겠

다', '나중에 빛을 보겠다'라고 생각했습니다. 제가 입사할 당시만 해도 직원이 열 명 남짓이었고 매출도 10억이 안 됐습니다. 그렇지만 길게 봤을 때, 잘될 거라는 확신이 있었습니다. 그리고 무엇보다 중요한 건, 내가 하고 싶은 대로 할 수 있다는 것이었습니다. 영업이든, 마케팅이든, 전혀 터치하지 않아서 책임감을 가지고 재미있게 일할 수 있던 게 가장 큰 이유였습니다.

하드웨어와 다르게 소프트웨어시장은 초기 개척이 어렵습니다. 마찬가지로 저희도 초기에는 쉽지 않았습니다. 국방부에 처음 납품할 때는 하루에 한 대씩만 설치했을 정도였습니다. 그때는 설치 기술이라던가 설치하고 나서 잘 돌아가는지 확인하는 게 어려운 시정이었습니다. 지금 생각해 보면 이게 얼마나 황당하겠습니까. (웃음) 국방부에 2001년도 버전 1.0을 납품하는데 하루에 한 대였다면, 2004년에는 LG전자 수주를 받아서 하루에 2,000대에서 3,000대까지 설치를 했습니다. 3년 사이에 기술이 확 발전하고 경험이 쌓인 것입니다. 이건 아무나 하는 게 아니라고 생각합니다.

입사하고 4~5년까지는 굉장히 바빴습니다. 하루에 영업 프레젠테이션을 5개씩 한 날도 있었고, 그게 꿈에도 나올 정도였습니다. 자다가 일어나서도 바로 프레젠테이션을 할 수 있을 정도로 했습니다.

((회사의 부품이라는 느낌보다
주도적으로 일을 하고 싶어서))

Q 코오롱이라는 대기업 계열사에서 스타트업으로 옮긴 거나 다름 없잖아요. 일반적으로 작은 회사에서 시작해서 큰 회사로 옮기기를 꿈꾸는데, 반대로 움직이실 때 두려움이나 걱정은 없었나요?

A 대기업을 다니면서 부품이 된 거 같다는 느낌이 들었습니다. 그냥 그 조직에서 요구하는 역할만 하면 되는 부품 말입니다. 나사를 오른쪽으로 두 바퀴 돌리라고 하면 그대로 하는 것입니다. 이걸 내가 언제까지 하겠냐는 생각이 들었습니다. 성향 자체가 그게 맞는 사람들은 그렇게 다니면 되는 건데 저는 그렇지가 않았습니다. 저는 주도적으로 일하기를 원했기 때문에 옮길 수 있었던 거 같습니다.

결국, 나이가 50살쯤 되면 다 비슷해집니다. 상황도, 위치도, 다. 임원이 안 되고 정년 퇴임을 하든, 임원을 하고 몇 년 더 있다가 퇴임을 하든 다 오십 대 중반쯤 되면 비슷해집니다. 제 주변을 봐도 그렇습니다. 결국, 중요한 건 내가 하고 싶은 일을 언제 먼저 시작하느냐 같습니다. 억지로 직장생활 맞춰 가며 20년을 하고 시작하느냐, 아니면 내가 하고 싶은 일을 20년 먼저 당겨서 시작할 거냐 하는 차이라고 생각합니다.

(전체적인 상황이 안 좋을수록 고객들이 찾게 되는
기업 내부 보안 솔루션)

💬 2008년, 2009년 글로벌 금융위기 때는 어떠셨나요?

🅐 그 당시, 회사가 가락동에서 가산동으로 이사를 왔습니다. 저는 그때 금융이나 부동산에 관한 건 잘 몰랐는데 저희 사장님은 그걸 다 아시고 선제적으로 움직이신 거 같습니다. 임대료를 줄이기 위해 회사가 이사를 한 것입니다. 가산동에서 3년 정도 있다가 지금 위치로 건물을 사서 옮겨 오게 되었습니다.

당시에는 전체적인 상황이 안 좋아져서 회사들이 문을 닫았습니다. 그러면 그럴수록 잘나가는 회사들은 정보를 더 지켜야 하는 상황이 옵니다. 왜냐하면, 직원들이 이 정보를 들고 나가서 회사를 차리면 경쟁사가 되기 때문입니다. 그러니까, 이 산업이 정말 재미있는 게 고객사들을 보면 대부분 독특한 기술을 갖고 있거나 상장하기 직전의 성장하는 회사들이 많습니다. 직원들이 파이프라인을 올려서 딱 보면 마치 주식 현황표를 보고 있는 거 같습니다. '잘나가는 회사들이 지킬 게 생기니까 내부 보완을 강화하는구나' 하는 생각을 하는 것입니다.

제가 영업 프레젠테이션을 하면서 기억에 남는 에피소드가 있습니다. 발표하는 시간이 오후 4시, 5시쯤 하루 종일 많은 회사가 다양한 프로덕트를 발표하고 끝나기 마지막이 저희 회사의 순서였던 것입니다. 그때 제가 딱 발표를 하니까 제 프레젠테이션을 본 회사 회장님이 "이게 제일 중요하지 앞에 것들이 뭐가 필요하냐?"라고 이야기를 하셨습니다. 그때 굉장히 뿌듯했던 기억이 있습니다. 사실 그룹웨어나 시스템 같은 건 내부 직원들이 일을 편하게 하려고 하는 겁니다. 기업을 운영하는 입장에선 필요성이 다른 것입니다. 그리고 회장님이 들어오면 결론이 빨리 나니까 그다음 날 바로 수주가 된 경험이 있습니다. 그런 것들이 일하면서 뿌듯하고 재미있던 에피소드입니다.

(**먼저 경험을 쌓는 것이 중요, 작전을 바꿔라**)

◎ 코로나로 취업에 위기를 겪고 있는 후배들에게 조언 부탁드려요.

Ⓐ 제가 보기에 코로나로 올해는 어렵지만, 내년쯤 되면 또 지나가는 일이 될 거 같습니다. 취업하는 데 있어 조언을 하자면, 꼭 대기업이 아니라 중소기업이라도 일을 시작해서 경험을 쌓으라는 것입니다. 요즘 들어 쿠팡이나 네이버 같은 곳에서 개발 인력을 고액의 초봉으로 대거 채용한다는 얘기가 들립니다. 그러다 보니 취업준비생들이 그것만 바라보고 있고 중소기업은 등한시한다는 소식을 들으면 너무 안타깝습니다. 대기업이 목표고 죽어도 대기업에서 끝장을 봐야겠다 하면 말리지는 않겠지만, 중소기업의 장점도 있습니다. 중소기업에서는 여러 가지 업무를 해 볼 수 있고 경험이 풍부해질 수 있습니다. 그러다 보면 회사나 일을 보는 안목도 생기고 몇 년 후에 대기업으로 이직하기가 훨씬 수월해집니다. 저희 회사에서 이직한 친구들도 대부분 대기업으로 갔고 저희는 말리지 않았습니다. 오히려 축하해 줬습니다. 가서 협력사로 함께 일하게 되기도 하고, 모르는 척 뒤에서 힘을 실어 주기도 합니다. 그래서 제 말은, 작전을 좀 바꾸라는 것입니다. 처음부터 삼성, 네이버 들어갈

게 아니라 중소기업에서 경험을 쌓아서 대기업으로 가라는 것입니다. 대기업으로 점프한 직원들이 잘되 는 이유가 있는데, 일을 잘하는 건 물론이고 성실하고 인성이 좋습니다. 이게 제일 중요한 것입니다. 자격증보다 성실하게 일하고, 태도가 좋고, 이런 부분이 사람을 채용하는 입장에선 더 중요하다는 걸 압니다.

ⓠ 내가 뭘 하고 싶은지 못 찾을 때는 어떻게 해야 할지 조언 부탁드려요.

ⓐ 자기가 좋아하는 게 확실하고 궁금한 게 있다면 그곳으로 뛰어드는 게 맞습니다. 그게 아니라면, 시사 현황을 알아야 하니까 뉴스도 많이 보고 검색도 하면서 관심분야를 찾아가기를 추천합니다. 그리고 어디든 들어가서 부딪혀 보고 자빠져 보면서 알아내고 배우는 게 있습니다. 관심이 생긴 산업분야에 대해 공부하고 해당분야에 있는 사람들을 만나보면서 방향성을 찾으라고 얘기해 주고 싶습니다.

(하기 싫다, 이런 생각이 두세 번 들면
그건 자기 일이 아니라는 증거)

취업을 했는데 해당 직무나 산업이 맞지 않는다고 느낀다면요?

Ⓐ 저도 개발에서 영업으로 간 사람입니다. 자기가 해 봤는데 내 마음에 맞지 않는다는 건 사실 다른 누구도 아니고 본인이 가장 잘 압니다. 언제까지 하라고 했는데 하기 싫다, 이런 생각이 두세 번 들면 그건 자기 일이 아니라는 증거입니다. 그러면 다른 일을 해야 하는 겁니다. 가슴이 시키는 일을 하라는 얘기가 있는데, 억지로 돈 때문에 할 수도 있습니다. 그런데 과연 언제까지 할 거냐 하는 것입니다. 저도 좋아하는 일을 해야 후회가 없을 거 같다는 심플한 생각으로 움직였던 거 같습니다.

자기에게 맞는 일을 하는 게 제일 중요한 거 같습니다. 제가 우스갯소리로 하는 얘기가 있습니다. "서장훈이 탁구보다 농구 하는 게 맞지 않아?" 라고 말입니다. 타고난 체격과 능력이 있는 것입니다. 한창 현정화 선수가 잘 나가서 탁구가 유명할 때 하던 말이었습니다. 아무리 탁구가 연봉을 많이 주고 잘 나간다고 해서 서장훈이 탁구를 해야 하는 건 아닙니다. 본인에게 맞는 걸 찾아야 합니다. 탁구만 이 인생의 전부는 아니고, 농구를 해도 성공할 수 있다는 걸 본인이 보여 주면 되는 겁니다.

사회생활하면서 행복했던 경험이나 좋았던 적이 있으신가요?

Ⓐ 아무래도 우리는 영업이니까 비투비로 큰 곳에서 수주를 받는 게 가장 좋습니다. 성과가 좋을 때와 같이 일하는 직원들끼리 마음이 통할 때가 제일 행복했던 경험 같습니다. 사실 그러면 성과나 연봉이 따라올 수

밖에 없습니다. 마음 잘 맞는 사람들끼리 열심히 일해서 성과가 좋으면 윗사람들도 연봉을 안 올려 줄 수가 없습니다. 연봉을 보고 쫓지 않아도 성실하게 일하다 보면 그런 것들은 자연스럽게 따라오는 부분이라고 생각합니다.

ⓠ 몇 전 몇 승 몇 패로 보시나요?

ⓐ 4전 4승이라고 생각합니다. IMF나 IT 버블, 글로벌 금융위기 모두, 솔직히 말하자면 신경 쓸 틈이 없었습니다. 그 당시에 금융, 주식, 부동산 다 전혀 모르던 때이기도 하고 그냥 할 일 하기 바빴기 때문입니다. 계속 느리게, 느리게 성장하는 중이었던 거 같습니다. 코로나도 비대면으로 인해 영업이 어렵긴 하지만 보안 쪽은 오히려 어려울 때 더 찾는 솔루션이라 지금도 큰 위기라고 생각하지는 않습니다.

ⓠ 사회생활을 잘하시는 노하우가 있나요?

ⓐ 인사 잘하는 게 가장 중요하다고 생각합니다. 사실 인사만 잘해도 육십 프로는 먹고 들어간다고 할 수 있습니다. 인사 잘하는 사람은 일단 예의도 바르지만 실력도 있고 자신감도 있다고 생각합니다. 오히려 폐쇄적이고 자신감이 없으면 인사 하기가 어렵습니다. 그런 사람들이 성공할 리는 없습니다. 인사 잘하는 게 가장 기본이면서 또 중요한 게 아

닌가 생각합니다.

Q 면접도 많이 보실 텐데 면접관으로서 면접자들에게 줄 수 있는 팁이 있나요?

A 뻔한 소리 같지만, 너무 얼어서도 안 되고 너무 풀어져서도 안 되는 거 같습니다. 가장 중요한 건 진정성 있게 답을 잘하는 것입니다. 결국은 태도적인 부분입니다. 서로 어려운 시간 내서 면접에 임하는 것인데, 일단 인터뷰에 응했다면 성실하게 임하는 게 가장 중요한 거 같습니다. 모르는 거 같아도 이 사람이 정말로 우리 회사에 입사해서 같이 일하고 싶어 하는지 면접관들도 다 느껴집니다. 아까도 말했지만, 신입사원에게 많은 것을 바라지 않습니다. 가장 중요한 건 역시 태도입니다.

Q 긴 시간 인터뷰 감사합니다.

A 감사합니다.

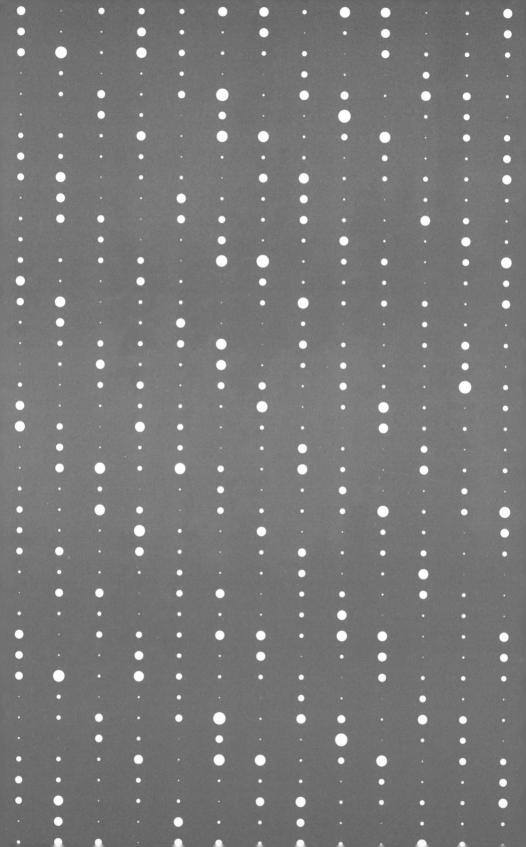

여섯 번째 잔

아이디얼웰니스 원장

최환탁

ⓠ 원장님, 자기소개 부탁드려요.

ⓐ 안녕하세요, 저는 미국 카이로프랙틱 의사 최환탁이라고 합니다. 2011년 8월에 용산구 한남동에 운동과학센터를 개업해서 10년째 운영하고 있습니다.

한국에 의사, 한의사, 치과의사가 있다면 미국에는 의사, 카이로프랙틱, 치과의사가 있다고 볼 수 있습니다. 미국에선 대표적인 대체의학 의술로 인정받고 있습니다. 일반 고객 외에 미국 태권도 대표팀, 100회 전국체전 미국 대표 골프팀의 팀닥터로 있습니다.

ⓠ 미국에서 카이로프랙틱 의사가 되는 과정은 어떤가요?

ⓐ 미국에서 카이로프랙틱 의사가 되려면 카이로프랙틱 의대를 졸업하고 4차까지 있는 국가고시를 봐야 합니다. 그 점수를 토대로 자기가 일하고 싶은 지역에 의사 자격증을 신청하는 것입니다. 저는 캔자스주 면허를 가지고 있습니다.

Ⓐ 미국 일리노이 주립대학교에서 건축공학을 전공하고 있었습니다. 졸업을 1년 앞두고 접촉사고를 당했는데 후배의 추천으로 카이로프랙틱 클리닉을 가게 되었고, 그때 처음 카이로프랙틱 의학을 알게 되었습니다.

독일계 미국인이었던 의사가 말해 주는 카이로프랙틱 철학이 한의사였던 우리 할머니가 말씀하셨던 몸의 근본에 대한 내용과 별반 다르지 않다는 것에 매우 놀랐습니다.

그뿐 아니라 그 무렵 한국에서 삼풍백화점이 무너지고, 성수대교가 무너졌습니다. 건축공학도로서 회의감이 생겼습니다. 또, 건축공학 디자인 수업 중에 과연 이 길이 나의 길인지에 대한 의문이 들었습니다. 제 작품은 대칭 구조로 깔끔하게 잘한 것 같은데 딱히 잘했다고 말이 없었습니다. 그런데 주입식 교육을 받지 않은 미국인들이 본인의 작품을 설명하는 걸 들어 보니까, 언밸런스하지만 그 안에 창조적인 게 참 많았습니다. 주입식 교육에 익숙했던 저는 선생님이 칠판에 써 주는 걸 보고 외웠지 내가 빈 도화지를 채워 본 경험이 없었습니다. 그런데 외국 애들은 그게 아니다 보니 상상력이 풍부했습니다. 그런 친구들과 저의 차이를 크게 느꼈습니다.

그리고 IMF가 터졌는데, 그때 저는 매주 공항을 갔습니다. 주위에 유학생들이 집이 망하니까 다 한국으로 돌아가고 있었습니다. 그래서 배웅하러 공항을 매주 갔을 정도였습니다.

그런 여러 상황 속에서 자연스럽게 카이로프랙틱으로 진로를 변경하게 되었습니다. 졸업을 1년 앞두고 전공을 바꾸게 되었습니다.

ⓠ 원장님의 롤모델이 있나요?

ⓐ 존경하는 사람들은 우리나라 경제를 일으켰던 1세대 경제인들입니다. 도전하는 사람들. 그런 사람들을 롤모델로 하고 있습니다. 개척해 나간 분야와 상황, 사람들만 다르지 결국 그 사람들이 가지고 있는 정신력은 다 똑같다고 생각하기 때문입니다.

(스스로 업그레이드될 수 있는 기회가 된 IMF 경제위기)

ⓠ IMF 때 원장님의 경험이 궁금해요.

ⓐ 저는 개인적으로 IMF를 겪으면서 제가 그 전에 경험하지 못 했던 걸 배우는 기회, 제가 업그레이드된 기회라고 생각합니다. 아버지 사업이 부도나고 집안이 어려워져서 그때 처음으로 아르바이트를 해 봤습니다. 새벽 청소, 주말 건물 청소 아르바이트, 호텔 경비, 집합장에서도 일해 봤고, 정말 많은 일을 해 봤습니다. 평일에는 공부를 해야 했기 때문에 주말에는 일만 했습니다. 학부 때는 오피스 가구를 전문으로 파는 '퍼니처 맥스'라는 곳에서 가구 세일즈도 해 봤습니다. 그 와중에 운동

삼아 태권도를 하면서 4단을 따고 일리노이주에서 2년 동안 챔피언도 했습니다.

ⓠ 2000년대 IT 버블 때는 어떠셨나요?

ⓐ 사실 그런 걸 볼 시간도 없고 고민도 안 했습니다. 카이로프랙틱 의대 수업이 아침 7시 20분에 시작해서 오후 4시, 5시에 끝났기 때문입니다. 한 학기에 30학점씩 수업을 들었고, 주말에는 하루 종일 아르바이트를 하느라 정신이 없었습니다. 한국을 돌아볼 시간도 없었고, 그냥 제가하는 고민은 어떻게든 내가 살아남아야 한다는 것이었습니다.

ⓠ 미국에서 한국으로 돌아오신 이유가 궁금해요.

ⓐ 1993년에 가서 2005년 12월 말에 돌아왔으니까 13년 정도 있었습니다. 한국에 돌아오지 않고 미국에 있었다면 쳇바퀴 도는 것 같은 삶을 살면서 돈은 많이 벌었을지도 모르겠습니다. 환자들도 보험이 되니 부담 없이 클리닉을 찾을 수 있고, 저는 의사로서 최선을 다할 준비가 되어 있었으니 말입니다.

미국생활은 심플한데 도전 의식이 생기지는 않았습니다. 미국에 있다가 한국에 나와서 친구들을 만나면 새로운 정보나 지식이 자꾸 업데이트되는데 저는 그걸 못 쫓아가니까 바보가 된 기분이었습니다. 미국에 있었다면, 주말엔 바비큐 파티하고 평화롭고 단조로운 일상을 보냈 겠지만 저는 성격상 그게 안 맞았습니다. 가만히 있는 걸 못 견딘다고 해야 할까…. (웃음) 뭐든 해야 하는 스타일입니다.

2005년 12월에 들어와서 2006년부터 서울생활을 시작했습니다. 그 때는 대한민국에 카이로프랙틱 라이선스를 가진 사람이 저 포함 20~30 명 정도밖에 없었습니다. 제가 졸업한 학교 동문은 세 사람뿐이었습니 다. 동문 선배들을 만나 보니 셋의 공통점이 모두 공과대 출신이라는 것 이었습니다. 전부 학부는 공대를 졸업하고 카이로프랙틱으로 진로를 튼 것입니다. 동문 선배와 인연이 되어 10년 동안 한서대에서 후학을 양성 하는데 기여하기도 했습니다.

(10년 동안 일을 하며 쌓아온 신뢰가
위기를 극복할 수 있는 원동력)

◎ 2008년 글로벌 경제위기 때는 어떠셨나요?

🅐 IMF를 경험한 게 큰 바탕이 되었습니다. IMF도 겪어 냈는데 이거라 고 못 이기겠나 싶었습니다. 이 위기 또한 어차피 지나갈 거라는 걸 알 았습니다.

ⓠ 코로나 사태는 어떻게 이겨 내고 있으신가요?

ⓐ 사람은 누구나 다 어려운 걸 겪는다고 생각합니다. 내가 그걸 감당할 수 있느냐 없느냐, 어떤 자세로 받아들이느냐가 그 차이라고 봅니다. 지금 코로나 위기를 겪기 전에 메르스, 사스, 세월호 등 다른 많은 위기가 있었습니다. 그때 매출이 전 달에 비해 40%까지 떨어지기도 했습니다. 그때도 힘들었지만 저는 그냥 '버티면 뭐든 된다'라는 마음으로 버텨서 지금까지 살아남아 있습니다. 그리고 오히려 10년을 잘 버티다 보니 입소문도 나고 고객과의 신뢰도 생겨 지금은 상황이 더 좋아졌다고 생각합니다. 코로나 사태 이전으로 돌아갈 수는 없겠지만 10년 동안 쌓은 신뢰가 위기 상황을 극복할 수 있는 원동력이라고 믿고 오늘도 최선을 다하고 있습니다.

ⓠ 의사로서 보는 코로나 사태는 어떤가요? 종식될까요?

ⓐ 종식은 없습니다. 또 다른 변이 바이러스가 나타날 겁니다. 그러니까 친하게 지내야 합니다. 바이러스와 슬기롭게 공생할 수 있어야 합니다.

ⓠ 일을 하면서 행복했던 순간이 언제인가요?

ⓐ 제가 어떤 고객을 만났는데, 그 친구가 나중에 아기 엄마가 되어서

자기 아기와 시어머니까지 모시고 온 적이 있습니다. 내가 이렇게 긴 세월을 일했구나 싶어 감회도 새로웠지만, 그 오랜 기간 저를 믿고, 온 가족을 데리고 와 줬다는 게 정말 고마웠습니다.

(능력치를 쌓으며 준비하면 언젠간 반드시 기회는 온다)

⦿ 내 삶에 긍정적인 영향을 끼친 건 뭐가 있을까요?

🅐 집안이 기독교 집안이라 신앙의 힘을 빼놓을 수가 없습니다. 그리고 가족, 또 제가 잃지 않으려고 노력하는 긍정적인 마인드가 있습니다. 또, 지금도 저는 어떤 새로운 걸 도전하면서 저의 삶에 계속해서 변화를 주려고 노력하고 있습니다. 메르스, 사스를 겪으면서 스스로가 뭔가를 변화해 보자, 하고 변화를 준 게 점심 한 끼였습니다. 점심을 샐러드로 바꿨습니다. 그러면서 식후에 졸린 것이 아예 없어졌습니다. 또, 지금도 새로운 사업, 예전부터 생각하던 베개 사업을 준비하고 있는데 이 목표를 위해 운동하는 시간을 늘리고 있습니다. 이런 작은 변화들을 주면서 원동력을 만들고 목표를 이뤄 내려고 노력하고 있습니다.

Q 4전 몇 승 몇 패라고 생각하세요?

A 아직 제가 이루려고 하는 목표가 있고 이기고 극복하려는 마인드가 있기 때문에, 백 대 영, 4전 4승이라고 생각합니다.

Q 사회생활을 시작하는 후배들에게 조언 부탁드려요.

A 꼰대라고 할 수 있지만, 저는 '일하지 않는 자 먹지도 마라', '죽을 때까지 긴장하고 살아야 한다'라고 말해 주고 싶습니다. 말을 너무 세게 했나요? (웃음) 좀 더 풀어 말하자면, 젊은이들이 야망을 갖고 새로운 것을 계속 도전하는 마인드를 가졌으면 좋겠다는 겁니다. 사회의 전반적인 시스템이 젊은이들이 야망을 가질 수 없게 만드는 거 같다고 생각합니다. 아기가 운다고 단 것을 주면 그 순간이 다입니다. 이게 나중에는 오히려 독약이 됩니다. 자생할 수 있는 능력이 충분한데 오히려 그런 능력을 죽이는 사회 분위기가 싫습니다.

본인이 철저하게 능력치를 쌓으면서 기다리면 기회는 분명히 온다고 생각합니다. 준비된 자에게 기회는 찾아옵니다. 저희 할아버지도 아버지도 저에게 똑같은 말을 하셨는데 그 위치가 되어 보니까 저도 그 말이 정말 맞다고 생각합니다. 중학교 때 외웠던 말 중에 '부등고산 부지천지고야'라는 말이 있습니다. '높은 산을 오르지 않고 어찌 높은 산의 의미를 알까'라는 뜻입니다. 그런 것처럼 우리 젊은 친구들이 높은 산을 바라보면서 높은 곳으로 올라갔으면 좋겠습니다.

Q **긴 시간 인터뷰 감사합니다.**

A 감사합니다.

일곱 번째 잔

카테노이드 상무

이형구

ⓠ 안녕하세요, 이형구 상무님. 현재 근무 중인 카테노이드 회사에 대해 소개해 주세요.

ⓐ 안녕하세요. 카테노이드는 인터넷 비디오와 관련된 기술을 서비스 형태로 제공하는 회사입니다. 개인들에게 비디오 서비스를 제공하는 유튜브처럼, 기업들도 온라인 비디오를 활용해 비즈니스를 하고자 하는 니즈가 많습니다.

온라인 교육 서비스나, 온라인 커머스, 라이브 방송, VOD, OTT 서비스 같은 것들을 예로 들 수 있습니다. 또, 요즘은 기업들이 사내 교육, 사내 커뮤니케이션에 비디오를 활용하는 경우도 많습니다. 미디어 방송, 온라인 교육, 커머스, 공공 기업과 같은 분야의 고객들이 비디오를 활용해 사업을 할 때 필요로 하는 기술을 서비스 형태로 제공하는 회사입니다.

주로 저희가 소프트웨어를 구성하고, 필요하다면 하드웨어, 네트워크까지 구성해서 플랫폼을 만들고 기업들이 손쉽게 서비스를 이용할 수 있게 하고 있습니다. 해외에는 유럽, 미국에 진출해 있고, 추후에 다른 지역에도 확장할 계획을 갖고 있습니다. 카테노이드는 2011년에 설립되어 업계 경력은 10년 정도 되었고 200억 정도 매출을 내고 있습니다.

ⓠ 상무님의 커리어와 현재 하시는 일에 대해 자세히 알려 주세요.

ⓐ 저는 1998년 하나로텔레콤이란 회사에서 커리어를 시작했습니다.

현재 근무 중인 카테노이드에는 2013년에 조인했습니다. 그 이후로 씨디네트웍스, 카테노이드를 더 거치면서 총 세 개의 회사를 다녔는데 저의 커리어의 특징은 모두 다 스타트업 단계일 때, 그러니까 주력 비즈니스가 모두 런칭이 되지 않은 시절에 회사에 조인을 했다는 것입니다.

하나로텔레콤에서 대기업으로서 좋은 경험을 했고, 씨디네트웍스에서도 운 좋게 맡은 사업을 성공적으로 이끌고 회사가 상장하는데 밑거름이 되었습니다. 씨디네트웍스가 중국계 회사에 인수되면서 2013년 카테노이드에 합류하게 되었고, 현재까지 COO(Chief Operating Officer)로 근무하고 있습니다. 저는 전체적인 사업 총괄과 사업 개발, 마케팅, 영업에 이르기까지 모든 사업의 Revenue를 관리하는 업무를 주로 담당하고 있습니다. 업무는 크게 세 가지 나눠 볼 수 있습니다. 첫 번째는 사업을 진행하기 위해 전략을 수립하고 관련 직원 및 파트너사와 커뮤니케이션하여 전략을 공유하는 것 입니다. 그리고 전략을 실행하는 단계가 있습니다. 수립한 전략을 우리 팀이 실행할 수 있도록 서포트하고 실행하는 것이 두 번째 단계입니다. 마지막으로는 모든 업무는 사람이 하는 일이기 때문에, 조직 구성을 어떻게 할 거고 인원을 어떻게 배치할 것인지, 직원들이 최고의 퍼포먼스를 낼 수 있게끔 조직과 직원을 관리하는 업무를 들 수 있습니다.

(("밀레니얼세대의 고충에 공감해"))

ⓠ 상무님의 롤모델이 따로 있으신가요?

ⓐ 딱 정해 놓은 롤모델은 없습니다. 대신, 가족이나 친구들, 함께 일하는 직장 선후배들에게 많은 영향을 받았습니다. 제가 사람 만나는 걸 좋아하는 스타일이기도 합니다. 가족 중엔 할아버지, 아버지 모두 사업을 하셨던 분들이라 자라면서 그런 부분에 많은 영향을 받은 거 같습니다. 특히 첫 직장에 다닐 때 아버지에게 많은 조언을 얻었습니다. 또, 일을 하면서 좋은 분들도 많이 만났습니다. 지금도 인연을 이어 가고 있는, 첫 직장에서 보스로 모셨던 경영기획실 권택민 실장님, 연규철 팀장님, 그리고 지금의 대표님, 일을 하면서 만난 많은 분에게 감사하게도 좋은 영향을 많이 받았습니다.

ⓠ 현재 코로나 상황에 대한 상무님의 경험과 견해는 어떤가요?

ⓐ 개인적으로 코로나로 인한 큰 위기를 겪고 있지 않습니다. 여태까지 있던 경제위기와 비교하자면 코로나 상황은 질적으로 다릅니다. 코로나 전에 겪어 온 경제위기들은 모두 경제 사이클과 관련되어 있었습니다. 경기가 호황이 오면 과생산이 되고, 과생산이 되어 재고가 쌓이면 침체기가 오게 됩니다. 그 이후에는 쇠퇴기를 극복하려고 다시 생산을 해서 경기 상황을 회복하게 됩니다. 코로나는 그런 경제 사이클에 없이 완전한 외부 변수로 인해 발생한 상황이라 전혀 예측할 수 없었습니다.

인터뷰를 준비하면서 이 책의 주요 독자분들, 1980년대 초반부터

1995년도까지 출생한 밀레니얼세대에 대해 깊게 고민해 봤습니다. 저와 가장 많이 일을 하는 직원들이 밀레니얼세대의 직원들이기도 합니다. 저는 가장 힘든 세대가 바로 이 세대 친구들이라는 생각이 듭니다. 코로나 상황만 단적으로 봐도, 우리 같은 X세대들은 어느 정도 헤쳐 나갈 수 있는 기회나 방법이 있습니다. 코로나 상황이 저에게 그렇게 치명적이지 않을 수 있는 건 제가 엄청난 부자는 아니더라도 2000년대부터 일을 해 개인적인 자산이 어느 정도 갖춰 놓은 이유가 가장 크다고 생각합니다. 사실 우리 때는 은행 금리 10%가 우스웠습니다. 사회초년생일 때는 13%, 15% 정도였고 IMF 시절에는 더 했습니다. 지금은 저금리시대라 월급을 저축만 해서 부자가 될 수 있는 시대가 아닙니다. 우리나라가 경제적으로 선진국 반열에 오르고 저성장으로 가는 시점에 사회생활을 시작한 세대가 밀레니얼세대입니다. 선진국으로 진입하면서 사회 구조적으로도, 경제적으로도 성장의 기회가 없는 시대에 사회생활을 시작해 그걸 온몸으로 겪고 있는 세대가 바로 이 세대가 아닐까 싶습니다.

우리나라가 선진국인가? 라고 되물을 수도 있을 텐데, 전 여러 가지 방면에서 봤을 때 선진국 반열에 오른 게 맞다고 생각합니다. 기업적으로 봤을 때, 반도체, 조선, 자동차, 건설, 석유화학, 화장품, 웬만한 산업에서 전부 글로벌 하게 일류의 기업들을 가지고 있습니다. 나열하자면 이거보다 훨씬 더 많지만 다 얘기를 못 하는 것뿐입니다. 그리고 문화적으로도, 한국의 문화가 전 세계로 펼쳐 나가고 있습니다. K-POP에, 한류, 한국 드라마 같은 한류가 전 세계적으로 열풍이고, 또 얼마 전엔 아카데미의 주요한 상을 한국 배우와 감독, 작품이 휩쓸었습니다. 경제적인 부분뿐 아니라 다양한 측면에서 한국은 이미 선진국이라고 생각합니다.

소확행(소소하지만 확실한 행복)이 유행하고 공무원 시험 경쟁률이 올라가는 게 이해가 됩니다. Z세대와 비교를 한다면, 경제 성장의 과실은 다음 세대가 누리고 본인들은 저성장의 어려움만을 겪어 내야 하니까 가장 힘든 세대라고 볼 수 있는 것입니다. 그런 측면에서 보면 아무리 기업가 정신을 가지고 열정적으로 살아 보려고 해도 한계를 느낄 수밖에 없는 것입니다. 거기다 베이비부머(Baby Boomer) 세대이다 보니 경쟁은 심할 수밖에 없습니다. 그렇다고 제가 밀레니얼세대의 사람들을 희망도 없는 사회 속에 살아가는 불쌍한 사람으로 치부하는 건 아닙니다. 어쩔 수 없는 사회적 상황으로 인해 힘듦을 겪고 있지만 역으로 생각하면 그 안에서 내가 조금만 다르게 한다면 더 돋보일 수 있는 세대라고 생각합니다. 천편일률적으로 남들을 따라가기보다 본인의 개성이나 특징이 두각을 보인다면, 가장 먼저 주목받고 성공할 수 있는 기회를 갖고 있는 세대인 셈입니다. 제가 밀레니얼세대 직원들과 상호작용하면서 느끼고, 또 책이나 방송을 통해 공부한, 저희 X세대 다음 세대에 대한 이해는 이렇습니다.

(ICT 인더스트리로 첫발을 들인 것이 인생의 큰 행운)

@ IMF 때는 어떠셨나요?

A 제가 4학년 계절 학기로 모자란 학점을 채우고 있던 때 IMF가 터졌

습니다. 외대 경영학과를 졸업했는데, 저의 바로 위 학번 선배들은 취업에 전혀 어려움이 없었습니다. 졸업 시즌이 되면 학과별로 현대자동차, 신한은행, 삼성전자 이런 곳에서 원서가 와서 접수를 하고, 그걸 가지고 면접비를 받으며 몇 군데 면접 다녀오면 웬만해서는 대부분 어려움 없이 취직하는 게 보통이었습니다. IMF가 오면서 당연하던 이런 분위기가 바뀌었고 취업이 어려운 첫 세대가 되었습니다. 입사가 예정되어 있다가 취소되는 경우도 부지기수였습니다. 그래도 저는 운 좋게 당시 350대 1의 경쟁률을 뚫고 하나로텔레콤에 입사하게 되었습니다. 입사를 하고 직장인이 되었기 때문에 다행히 큰 경제적 어려움을 겪지는 않았습니다.

개인적으로는, 사실 좀 유복하게 자란 편이라 결혼할 때 즈음 되면 집한 채 정도는 해 주시지 않을까 기대했었는데 IMF 터지기 직전에 아버지가 노후 준비 없이 퇴직하시면서 제 바람은 저의 바람으로 끝났습니다. (웃음) 2000년도에 결혼하고는 원룸에서 전·월세로 힘들게 결혼생활을 시작했습니다.

IMF 때를 돌이켜 생각해 보면 하나로텔레콤에 입사해서 ICT 인더스트리에 첫발을 들인 게 제 인생의 큰 행운이라고 생각합니다. 그 이후많은 경제위기를 극복할 수 있었던 게 그 시작점 덕분이었기 때문입니다. 저는 밀레니얼세대나 후배들에게 직업 중에 '업'이 더 중요하다고항상 말해 줍니다. 직업의 '직'이 Job, 마케팅, 세일즈 같은 직무라면 업은 인더스트리(Industry)입니다. 직업을 구성하는 건 어떤 인더스트리에서 어떤 직무로 일을 하느냐인데, 결국은 '업'이 더 중요한 거 같습니다. 직장을 옮기더라도 인더스트리가 다른 분야로 가는 건 사실 쉽지 않습니다. 같은 마케팅 직무여도 자동차 회사를 다니다가 IT 회사로 넘어오기는 정말 어렵습니다. 저는 우연한 기회로 '업'을 잘 선택해서 여태까지의 위기들을 잘 극복해 나가지 않았나 생각합니다.

ⓠ 하나로텔레콤에서 씨디네트웍스로 이직할 때 상황이 궁금해요.

ⓐ 2000년 12월 겨울에 씨디네트웍스로 이직했습니다. 하나로텔레콤에서 만 2년 조금 넘게 다녔던 때였습니다. 저로서는 굉장히 사랑하는 직장이었고 내부적으로 어느 정도 인정도 받았지만, 업무가 적성에 그렇게 맞지는 않았습니다. 경영기획실에서 숫자 관련된 업무를 담당했는데, 업무가 적성에 맞지 않던 것도 이직을 생각하게 된 이유 중 하나였습니다.

그런데 결론적으로 저는 씨디네트웍스 이직도 저에겐 행운이라고 생각합니다. 2000년대는 브로드밴드의 시대라고 볼 수 있는데 초고속 인터넷이 깔리고 인터넷 보급을 바탕으로 게임, 포털 같은 지금의 인터넷 세상을 열어 준 모든 비즈니스가 이때 만들어졌습니다. 하나로텔레콤은 ICT 인더스트리를 백그라운드로 이런 WAVE(흐름)을 만든 회사고, 씨디네트웍스는 쉽게 설명해 그 흐름의 수혜를 입은 기업입니다. IMF, IT 버블, 그리고 글로벌 경제위기까지 무사히 넘길 수 있었던 건 제가 이런 흐름을 잘 탔기 때문이라고 생각합니다. 제가 그래서 '업'이 중요하다고 계속 강조하는 이유기도 합니다.

추가로 이야기하자면, 2010년대는 모바일 웨이브(WAVE), 모바일시대입니다. 2007년도인가 스티브 잡스가 아이폰을 들고나오면서 시작된 흐름인 것입니다. 인터넷 브로드밴드로 시작된 흐름이 모바일로 확산되면서 궁극적으로 지금의 형태가 완성되었습니다. 제가 하나로텔레콤에 다닐 때 '3C'가 뜰 거라고 이야기를 들었습니다. 콘텐츠(Contents), 커뮤니티(Community), 커머스(Commerce). 이렇게 세 가지 'C'입니다. 사실 인터넷 브로드밴드 시절에는 그럴 수 있나, 라고 생각했는데 모바일 세상이 열리면서 모두 완성이 되었고 광고 매출까지 생기면서 정점을 찍은 셈이 되었습니다.

그리고 2020년, 2030년대의 Next Wave는 AI라고 봅니다. AI를 받쳐주는 빅데이터, 5G, Infrastructure IOT 등이 필수가 되었습니다. 제가 속한 곳은 ICT 인더스트리지만 십 년 후, 이십 년 후 빅웨이브는 AI 쪽이라고 확신하기 때문에 제 나름대로 그 웨이브를 탈 준비를 하고 있습니다. 카테노이드라는 기업은 모바일 웨이브를 타려고 노력 중입니다. 왜냐하면 모바일이 확산되면 반드시 인터넷 수요가 폭발적으로 증가할 것이기 때문에 그에 맞는 대응을 하려고 미래를 준비하고 있는 것입니다.

$$\Big(\quad\text{창업 멤버로 합류해 스타트업 회사에서}\atop\text{매출 1,200억 코스닥 상장사로 가기까지}\quad\Big)$$

💬 이직 후에 씨디네트웍스에서 커리어적으로 성취한 것이 많다고 들었어요.

🅐 그때 이룬 게 많은 건 사실입니다. 하나로텔레콤에서 투자하는 회사였던 인연으로 2000년 12월에 씨디네트웍스로 옮기게 되었고, 처음 시작할 때는 직원 수가 10명 정도 되는 작은 회사였습니다. 주요 사업인 CDN 서비스의 매출도 아예 없고 이렇다 할 고객도 없었습니다. 그래도 제가 나올 땐 코스닥 상장도 하고 연 매출 1,200억 정도를 하는 회사로 성장해 있었습니다.

씨디네트웍스가 빠르게 성장했고 저도 그 안에서 같이 성장한 거 같습니다. 친구들이 우스갯소리로 '대리' 직무를 안 해 봤다고 놀리기도 합니다. 하나로텔레콤에서 이직할 때 대리 진급 케이스라고 해서 열 명짜리 벤처로 옮길 때는 바로 '과장' 직급을 달았습니다. 과장에 팀장으로 입사해 3년을 근무했고, 그 이후에 차장 1년 반, 부장 1년 반 시간을 거쳐 이사가 되었습니다. 거의 8년 만에 코스닥 상장사의 이사가 되었고 임원이 되면서 해외사업본부장을 맡았습니다.

저는 한 5년 단위로 커리어를 바꾸려고 노력하는데, 회사를 옮기겠다는 뜻이 아니라 이 회사에서 향후 5년 동안 내가 어떤 걸 이룰 것인가, 저의 커리어적인 전략을 세우는 것입니다. 30년 일한다고 하면 6번의 커리어를 바꿀 수 있는 것입니다.

그래서 해외 사업본부를 담당하게 되면서 저의 향후 5년 목표는 '회사를 세계화 시키자' 였습니다. 5년 동안 이것에 매진하겠다고 목표를 잡습니다. 그래서 한국 해외사업본부장이자 중국법인 대표, 미국법인 글로벌 사업대표로 일을 쭉 했습니다. 결과는 성공적이었습니다. 2012년에 씨디네트웍스 매출 1,200억 중 반은 한국에서 반은 해외법인에서 나왔습니다. 중국, 일본, 유럽, 미국법인, 총 네 개의 해외법인이 있었는데 다 흑자 전환을 했습니다. 2007년부터 제가 목표로 잡고 했으니까 약 6년 정도가 걸렸습니다. 물론 글로벌 사업을 하면서 다 성공적이진 않았습니다. 괴로운 일도 많았고 제가 임원으로서 미숙했다는 것도 한 번 뼈저리게 느끼기도 했습니다. 그중에 미국법인 구조조정을 겪으면서 다시는 경험하고 싶지 않은 아픔을 느끼기도 했습니다.

그리고 2011년에 거대 일본 통신 회사의 자회사로 편입되면서 제가 느꼈던 씨디네트웍스만의 문화도 많이 사라졌고, 향후 5년에 대한 고민을 하던 찰나에 멘토 중 한 분인 김형석 대표님의 제안으로 카테노이드에 입사하게 되었습니다.

ⓠ 상무님에게는 IT 버블과 글로벌 경제위기도 모두 위기는 아니었겠네요?

ⓐ IT 버블은 저희 입장에선 위기가 아니라 오히려 기회였습니다. 개인적으로는 하나로텔레콤에 근무하면서 받았던 주식의 가치가 떨어져서 한 해 연봉 정도 되는 수준의 금액을 그 시기에 잃었습니다. 나중에 잘 극복하긴 했지만, 그 당시에는 그런 일을 상상도 해 본 적이 없어서 꽤 충격이었습니다.

글로벌 금융위기 때도, 전 중국에 있었고 어느 정도 쌓아 놓은 자산 기반을 가지고 있었기 때문에 큰 위기는 없었습니다. 하지만 회사는 글로벌 금융위기로 어려움이 있었습니다. 그 시기에 해외 사업을 확장하면서 중국, 일본, 유럽에 법인을 만들었고, 그 과정에서 큰 금액을 투자받았습니다. 글로벌 경제위기로 인해 전 세계 경제가 마비되면서 펀딩받은 1,000억과 사업 확장의 여파로 꽤 고생을 했습니다. 그게 일본 회사에 인수되는 결정적인 계기이기도 했고, 앞서 말했듯이 구조조정을 하기도 했습니다.

ⓠ 포스트 코로나시대, 어떻게 예상하세요?

Ⓐ 우리 아들 때문에 늘 고민하는 겁니다. 우리 아들이 살아가는 세계는 뭐가 다를까, 내가 뭘 해 줄 수 있을까 생각하면서 고민합니다.

제 생각에, 코로나가 끝난 미래시대에는 저금리가 유지될 거고 인플레이션, 디플레이션처럼 우리가 경제 시간에 배운 경제 이론으로 설명할 수 없는 시대가 올 것 같습니다. 지금처럼 현금 유동성을 늘리려고 현금을 많이 풀어서 이론상으론 인플레이션이 와야 하는데 오히려 디플레이션이 온 상황만 봐도 그렇습니다. 그래서 저는 미래세대는 저금리를 유지하면서 유동성은 회수가 어려울 것이고 자산 가격은 계속해서 버블이 생길 거라 생각합니다. 아까 말했듯, 많은 인력이 AI로 대체될 것이고 자산 가격이 계속 상승하고 빈부 격차가 심해질 거라고 조심스럽게 추측합니다. 그래서 저는 올해 중학교 3학년이 된 우리 아들에게 경제, 투자, 자산관리 공부를 시키고 있습니다.

쉬운 예로, 미래에 자율주행차가 나오고 AI가 택시 운전기사를 대체한다면, 지금 택시 기사가 할 수 있는, 자신을 보호할 수 있는 가장 효율적인 투자 방법은 자율주행 관련 에 투자하는 것입니다. 그래서 투자에 대한 공부를 꾸준히 하고, 어떤 기업에 투자해야 할지를 연구하고 실행하면서 이런 부분을 자연스럽게 받아들이고 이해할 수 있게 해 주려고 노력하고 있습니다. 그러면서 산업의 트렌드도 이해할 수 있는 것입니다. 세상은 이제 단순계가 아니라 복잡계인 것 같습니다. 미래는 특히나 더 말입니다.

행복은 '순간'이 아니라 '상태'

◎ 직장생활하며 가장 행복했던 순간은 언제인가요?

Ⓐ 가장 어려운 질문이네요. 직장생활하면서 행복했던 순간들 많았습니다. 뭔가를 이뤘을 때 그 성취감, 딱 느껴지는 그 뿌듯함 같은 것들이 있었습니다. 그렇지만, 저는 행복을 순간이 아니라 '상태'로 정의하고 싶습니다. 그 순간의 즐거움보다는 상태를 만들어서 그것을 즐기는 것입니다. 예를 들어, 집 앞 카페에 아내와 아이와 함께 나가 커피를 마시면서 이야기도 하고 주말 오후를 즐길 수 있는 그런 여유를 가질 수 있는 상태를 만들고 즐기는 것입니다. 대한민국 남자들은 그런 상태를 만들어 놓고 오히려 그 순간을 즐기질 못합니다. 너무 순간에 집착하고 그

순간을 쫓다 보니까 원하는 상태를 만들어 놓고도 즐기지를 못하는 것입니다. 아등바등 원하는 목표를 이루고 또 다른 목표를 좇느라 본인이 이뤄 낸 것을 즐길 줄도 모르고 가장 소중한 사람들인 가족과 시간도 보내지 못하는 게 안타깝습니다. 그래서 저는 행복을 정의할 때, 어떻게 보면 단순하고 뻔한 말이지만, 인생에서 너무 특별하고 재미난 순간을 찾아서 이 시점에 딱 행복했다! 하는 것보다 행복할 수 있는 일상을 잘 만들어서 즐길 줄 아는 게 중요하다고 생각합니다. 물론 그 상태를 만들기 위해 최선을 다하고 유지하려고 노력은 해야겠지만, 그런 순간들이 전부는 아니기 때문입니다.

ⓠ 4전 몇 승 몇 패라고 보시나요?

ⓐ 저는 글로벌 금융위기 때 어려움을 겪었지만 어쨌든 극복해 냈으니까 무승부라고 생각합니다. 4전 3승 1무 정도로 하겠습니다. (웃음)

(주기적으로 인생의 MISSION을 세우고
스스로 되돌아보는 시간의 중요성)

ⓠ 후배들에게 추천해 주고 싶은 상무님만의 습관이나 루틴이 있나요?

ⓐ 대학 때 만든 동아리의 후배들이 가끔 특강을 부탁해서 3~5년에

한 번 정도 학교 특강을 나가서 해 주는 이야기가 있습니다. 인생의 'MISSION, VISION, VALUE'를 고민하고 찾아내는 게 너무 중요하다는 이야기입니다. 내가 왜 사는지, 뭘 원하는지, 뭘 하고 싶은지, 그런 것들을 지금은 다 알 수 없지만, 항상 고민하고 삶의 지표로 삶아야 한다고 얘기해 줍니다. 공교롭게 저도 개인적으로 제일 어려웠던 시기인 2008년에 이런 목표를 세우기 시작해서 지금까지 매년 새로운 인생 계획표를 잡고 실행하려고 노력하고 있습니다. 지금은 다 모르겠다고 하더라도 그걸 만들어 보면서 고민하다 보면 분명해지는 것들이 있습니다. 이렇게 들으면 굉장히 거창하게 들리지만, 예를 들어 건강하기 위해 어떤 운동을 얼마나 할지, 내면을 쌓기 위해 어떤 공부를 할지, 올해는 무엇을 해 볼지 미션을 세우는 것입니다. 제가 가진 인생의 미션이 여러 개가 있는데 그중에 하나가 저희 가족, 어머니, 아내, 우리 아들의 가장 '좋은 친구'가 되자는 것입니다. '친구'가 되자고 목표를 잡으면 이 사람들과 뭘 하고 싶은지, 같이 인생을 즐기기 위해 뭘 하고 놀지 생각하게 됩니다. 우리 어머니는 와인을 좋아하니까 어머니를 만나러 갈 땐 와인을 준비해 가서 맛있는 걸 같이 먹으러 가야지, 이렇게 생각하게 됩니다. 의무적으로 아들, 남편, 아빠의 역할을 수행해야 한다는 부담보다는 '친구'로서 함께 인생을 즐기기 위해 무엇을 할지 고민할 수 있습니다. 그외에도 몇 년째 유지하는 저의 건강 목표는 '1년에 최소 200번은 운동하겠다' 하는 것입니다. 이번 달에 몇 번 운동했나 체크하다 보면 자연스럽게 반성하게 됩니다. '1년에 200번을 해야 하는데 이번 달에 이것밖에 안 했네?'라는 생각이 들기 때문입니다.

우리 아들한테 하는 얘기인데, 행복으로 가기 위한 기본적인 요소가 다섯 개 정도 있다고 합니다. 바로 'Body, Mind, Finance, Relationship, Communication'입니다. 이 다섯 가지 요소를 개선하기 위해 끊임없이 인생의 목표를 잡고 스스로 반성하는 시간을 가질 필요가 있다고 이야기해 줍니다. 저도 마찬가지입니다. 건강하기 위해 '얼마나 운동했나?','잘하고 있나?' 내 마인드를 개발하기 위해 '많이 공부하고 있나?' Personal Finance를 위해 '어떤 투자를 하고 있지?' 이런 식으로 스스로 되돌아보는 것입니다. 이렇게 말하면 너무 피곤하게 들릴 수 있는데, 어느 정도 자리를 잡고 나면 일상적인 습관이 됩니다. 여러 방면의 목표를 잡고 스스로 되돌아보는 시간을 가지는 습관이 중요하다는 것입니다.

ⓠ **긴 시간 인터뷰해 주셔서 감사합니다.**

ⓐ 감사합니다.

여덟 번째 잔

SKB
그룹장

최성균

Q 안녕하세요, 최성균 그룹장님. 하시는 업무에 대해 소개 부탁드려요.

A 안녕하세요. 저는 SK 브로드밴드에서 데이터센터, 해저 케이블 투자 사업, 국제 트래픽 개선 비즈니스, CDN 사업에 대해 사업 기획부터 세일즈까지 전체적인 사업의 디렉터로서 관리하는 업무를 담당하고 있습니다. 다른 기업과 다르게 기간 산업에 대한 버티컬한 모든 사업을 담당하면서 의사결정 체계를 단일화하고 프로젝트 진행 시 협의 과정에 소요되는 시간을 줄이고 있습니다.

Q 데이터센터나 CDN 사업을 일반적으로 많이 알고 있는데 해저 케이블 사업은 조금 생소한 것 같아요.

A 인터넷이라는 게 콘텐츠를 제공하는 프로바이더와 콘텐츠를 이용하는 소비자를 연결해 주는 것인데, 결국 회선으로 연결이 되어 있어야 합니다. 동일 국가 안에 공급자와 소비자가 있다면 해저 케이블은 필요가 없습니다. 하지만 예를 들어 미국에 있는 기업이 콘텐츠를 제공하고 한국에 있는 소비자가 이 콘텐츠를 소비하기 위해선 연결 회선이 있어야 합니다. 인공위성을 통한 방법도 있지만 가성비가 떨어지기 때문에 보통 해저 케이블을 많이 이용합니다. 해저 케이블이 가성비도 좋고 스피드 면에서도 우수합니다. 정말 외딴 섬이나 선박, 이동체의 경우를 제외하고는 대부분이 해저 케이블을 통해 콘텐츠를 주고받고 있습니다.

그런데 콘텐츠가 대용량화되고 질이 높아지면서 국가 간의 트래픽이 과거에 비해 30~40% 정도 늘어났습니다. 그리고 모든 데이터를 한 국가에만 저장해 두는 것이 아니라 백업 개념의 데이터 센터도 필요합니다. 트래픽이 늘어난 상황에서 백업 데이터도 필요하기 때문에 해저 케이블 건설에 대한 수요도 계속해서 증가하고 있습니다.

해저 케이블 투자 비즈니스는 크게 두 가지로 볼 수 있는데, 한 개는 글로벌 CT나 글로벌 사업자가 단독으로 프라이빗 케이블을 구축하는 것이고, 다른 하나는 여러 통신사나 CP들이 같이 일정 지분씩 참여하여 컨소시엄 형태로 케이블 사업을 하는 것입니다. 예전에는 컨소시엄 형태의 사업 규모가 컸다면 근래에는 인터넷 콘텐츠 제공시장도 구글, 페이스북, 마이크로소프트 같은 빅3 기업들의 소비가 커지면서 연합해서 자기들만의 프라이빗 해저 케이블을 구축하는 경우도 늘어나고 있습니다.

(인터넷 서비스 제공 범위의 국가적인 확산,
인터넷 강국의 출발점)

◎ IMF 때 사회 모습이나 그룹장님의 경험이 궁금해요.

🅐 IMF는 당시 취업준비생들, 직장생활을 오래 한 시니어급 직장인들을 비롯해 자영업자들에게 굉장히 혹독한 시기였습니다. 대한민국 현대 사회에서 전 국민을 가장 힘들게 만든 위기가 IMF 경제위기가 아닐까 싶습니다. 그런데 당시 저는 대기업인 삼성그룹에 막 입사해서 일을 시

작한 타이밍이어서 사실 그렇게 큰 시련이나 위기는 없었습니다.

첫 직장에서 일을 하면서 '내가 기왕에 통신사 영역에서 커리어를 쌓기로 마음먹었다면, 삼성보다는 차라리 기간통신 사업자로 회사를 옮겨서 내 날개를 펼치는 게 중장기적으로 봤을 때 나의 Market Value에 훨씬 더 도움이 되겠다'라고 판단을 하고 SK 브로드밴드의 전신인 하나로텔레콤으로 이직을 했습니다. 그래서 경력 공채 1기로 입사를 하게 되었습니다.

그전까지 극소수의 공대생이나 전문가 집단만 인터넷을 이용했다면, 그때가 딱 대한민국에 인터넷이 전체적으로 보급되는 시기였습니다. 본격적으로 아파트와 크고 작은 빌딩에 인터넷 광케이블이 들어가고, 일반 단독주택에 케이블이 들어갔습니다. 인터넷 서비스 제공 범위가 급속도로 넓어지면서 소비자 입장에선 이용편의성도 증대되고 저렴한 가격으로 인터넷 서비스를 누릴 수 있게 된 것입니다. 대한민국이 글로벌리 인터넷 강국으로 도약할 수 있는 환경이 그때 만들어진 것입니다. 케이블에 끊임없이 투자를 하고 개발을 했기 때문에 가능했던 결과물인 셈입니다.

IMF 시기가 대한민국 대다수 직장인이나 사업자에게는 아픈 시기였겠지만, 저처럼 통신 영역에서 근무하는 직장인들에겐 다이내믹하고 흥미진진한 그런 시기였던 거 같습니다.

ⓠ IT 버블 때는 어땠나요?

Ⓐ 통신 업계 특성상 IT 버블 때도 크게 영향을 받진 않았습니다. 신문에서 벤처기업이 도산하는 걸 보고, 큰 기업에서도 진행 예정이던 새로운 사업이나 프로젝트를 중단하는 경우가 비일비재했습니다. 통신 업계에 몸담아 있는 저로서는 여러 고객사 중 일부가 힘들어하는 상황을 멀리서 지켜보는 입장이었던 거 같습니다.

(
기업 가치관을 토대로
직원들에게 동기부여 할 수 있는 분위기를 만들어주는 것
)

ⓠ 그룹장님이 임원으로서 신입사원도 뽑고 많은 후배를 관리하실 거 같아요. 세대 차이를 극복하고 조직을 관리하는 노하우가 있나요?

Ⓐ 세대 차이가 당연히 있습니다. 세대별로 특징이 다르기도 합니다. 그런데 우리가 그걸 '1990년대생은 이렇다', '2000년대생은 이렇다' 하며 세대별로 가치관을 파악해서 대응하는 건 어렵고 비효율적이라고 생각합니다. 그래서 저는 최대한 오픈 마인드로 후배들을 대하려고 노력합니다. 그 사람들의 가치관을 바꾸려고 유도하거나 강요하기보다는 그대로 받아들이고 인정하는 편입니다. 그 대신, SK 기업의 가치관이 있습니다. SK에 입사한 이상 기업의 가치관들을 인정하고 따라줘야 한다, 이렇

게 기업 가치관 중심으로 연결시키려고 합니다.

세대의 특성은 제가 어떻게 할 수 없는 것이고, 최대한 오픈 마인드로 얘기를 들어 주고, 후배나 직원들이 동기부여가 될 수 있는 분위기를 만들면서 비전을 보여 줍니다. 기업 가치관이라는 큰 명제가 있고, 그 안에서 현재 우리가 꿈꾸는 비전은 무엇이고, 그 비전을 이루기 위해서 우리는 2년, 4년 뒤에 어떤 모습이다, 이런 식으로 구체적인 방안이나 동기부여를 해 주면서 공감대를 형성하는 것입니다. 그러면 다들 동기부여가 되어서 열심히 하는 거 같습니다. 제가 담당하는 부서에 기술부서, 영업부서, 기획부서, 마케팅부서, 총 다해서 70명 정도 되는 인원이 있습니다. 각 부서별로 부서에 맞는 커뮤니케이션 스킬을 활용해 결국은 궁극적으로는 같은 비전을 제시하는 편입니다.

ⓠ 2008년 글로벌 금융위기 때는 어떠셨는지 그룹장님의 경험이 궁금해요.

ⓐ 그때 데이터센터 사업을 담당하면서 새로운 사업을 기획하고 있었습니다. 당시 통신사의 입장에서 상황을 지켜봤을 때, 예를 들어 데이터센터에 입주해 있는 고객이 800개 정도 되었는데 그중 20~30%의 기업들이 몇 년에 걸쳐 없어졌습니다. 고객 수만 본다면 글로벌 금융위기 여파로 인해 확실히 감소 효과가 컸습니다. 많은 기업이 인수합병이 되거나 사라졌습니다. 그래서 절대적인 고객 수는 줄었지만, IT 산업 자체의 외형은 유지되거나 더 커졌습니다. IT 버블 때와 마찬가지로 통신 업계

에 근무하던 직원들은 치명적인 위기를 겪지는 않았습니다.

ⓠ 코로나19로 인해 또다시 큰 위기를 맞고 있어요. 현 상황을 극복할 수 있는 조언이 있을까요?

Ⓐ 코로나가 1년 더 넘게 지속되고 있습니다. 변종바이러스도 생길 수 있는 거고 1~2년 안에 쉽게 사라질 거 같지는 않습니다. 국민 생활에 큰 리스크로 영향을 주고 있고 그건 기업 입장에서도 마찬가지입니다. 불확실성에 대한 리스크가 기업 입장에선 매출로 연결되는 거라 무서운 것입니다. 최소 몇 년 이상은 지속될 것이고 변종 바이러스에 대한 솔루션이 제때 바로 나오지 않으면 인류가 계속 껴안고 가야 하는 리스크가 될 거라고 생각합니다.

코로나 위기를 맞으면서 직장 내 분위기도 많이 바뀐 거 같습니다. 재택근무나 화상회의 문화, 보고 체계 같은 것이 1년 새에 많이 바뀌었습니다. 향후 이런 문화가 더 정착되고 심화 될 것이라고 봅니다. 취업준비생 친구들이든 이미 취업을 해서 직장에 다니는 분들이든, 두 가지 조언을 해 주고 싶습니다. 첫 번째는 변화에 맞춰서 커뮤니케이션 스킬이 발전해야 된다는 것입니다. 채용할 때 대부분 온라인 화상 면접을 통해 진행하고, 회사에서 보고할 때도 마찬가지입니다. 페이스 투 페이스로 면접을 볼 때와는 다르게 음질이나 화질이 떨어져서 의사전달이 잘 안될 때가 많습니다. 회의 때도 마찬가지입니다. 그래서 말도 평소보다 또박또박하고 또 말하는 속도도 줄여야 합니다. 천천히 또박또박 말해서 상대방에게 자신의 정리된 의견을 잘 전달할 수 있어야 프로페셔널하게 보일 수 있습니다. 그렇지 못한 경우에는 '준비가 잘 안 되었다'는 생각이 들 수밖에 없습니다.

두 번째는 자신만의 규율에 대한 관리가 중요해지는 시기라고 봅니다. 저희 때는 취업준비 공부를 위해 주로 도서관에 갔습니다. 물론 집에서 공부를 해도 됐지만, 마음가짐도 다잡고 공부에 집중하기 위해 도서관에 갔던 거 같습니다. 재택근무가 이젠 당연한 회사 문화가 되면서 다양한 현상이 나타나는 거 같습니다. 재택을 해도 일을 열심히 하는 분들이야 출퇴근 시간을 줄이고 식사 시간을 조절하면서 워라밸을 올리면서 일을 해서 퍼포먼스에 영향을 주지 않습니다. 하지만 재택근무를 하면서 느슨해지고 업무에 소홀하게 되는 경우도 있는데 그러다 보면 지금 당장은 별로 대우가 다르지 않은 것 같아도 결국 장기전으로 가면 나중에 다 드러나게 되어 있습니다. 결론은 자기주도형으로 업무를 하되 스스로의 가치를 떨어뜨리지 않게 열정적으로 업무에 임해야 한다는 것입니다.

Ⓠ **직장생활 하면서 행복했던 순간이 언제인가요? 그룹장님께서도 승진하셨을 때인가요?**

Ⓐ 승진했을 때도 물론 기뻤습니다. 개인적으로 승진을 하고 싶어서 일을 한 건 아닌데 일을 열심히 하다 보니까 운이 좋았던 것 같습니다. 남들이 관심을 잘 갖지 않는 영역에서 주로 일을 했고, 그러다가 가치를 인정받아서 좀 더 쉽게, 덜 치열하게 승진했던 거 같습니다. (웃음) 저는 승진보다도 특정 프로젝트를 성공시켜서 완성했을 때의 희열이나 쾌감을 말하고 싶습니다. 그때 느낌은 승진과는 차원이 달랐습니다.

대한민국 단일센터 기준으로 가장 큰 커머셜 데이터센터 프로젝트를 기획하고, 투자 유치해서 올 하반기에 오픈을 목전에 앞두고 있습니다. 수천억이 되는 투자가 필요한 프로젝트였는데, 그 결정을 받았을 때의 희열감은 어마어마했습니다. 그 사업으로 우리 회사에 매출이 연간 몇 천억이 찍힐 수도 있고, 그로 인해 몇백억 이상의 이익 창출도 연결되는 것입니다. 또, 이 프로젝트 하나로 몇 명의 신규 고용인력이 창출될 것입니다. 그런 생각만 해도 너무 뿌듯하고 즐겁습니다. 그런 프로젝트를 승인받고 일을 시작할 때가 가장 기억에 남고 행복했던 순간 같습니다.

Ⓠ **대한민국의 큰 금융위기들을 이겨 내고 서바이벌하셨잖아요. 그룹장님은 몇 전 몇 승 몇 패라고 보시나요?**

Ⓐ 전 4전 4승이 아닐까 싶습니다. (웃음) 변곡점이 있었을 때 특별히 힘

들었던 건 없었습니다. 사실 이게 운인 거 같습니다. 같은 대학에서 같은 전공을 했더라도 어느 업종으로 가느냐에 따라 엇갈리는 게 많습니다. 저희 업종에 종사했던 사람들은 대부분 그렇게 생각할 거 같습니다.

(입체적인 뷰로 사안을 해석하고 동료들과 잘 소통하는 것이
본인의 역량이자 경쟁력)

⊚ 독자분들에게 추천하고 싶은 사회생활 노하우가 있나요?

Ⓐ 사회생활은 본인이 맡은 업무에 몰입해서 책임감을 가지고 열심히 하면 되는 게 기본입니다. 자신의 생각을 정리하고 그 생각을 상대방에게 잘 전달하는 것이 중요합니다. 그러면서 동시에, 상대방이 본인이 생각한 방향으로 동참하고 도움을 줄 수 있도록 유도하는 것이 사회생활의 전부라고 봐도 됩니다. 그게 결국 본인의 경쟁력을 결정하는 것입니다.

또, 어떤 프로젝트나 난제가 생겼을 때 다양한 시각으로 그것을 볼 줄 알아야 한다고 봅니다. 어떤 주장을 펼칠 때 입체적인 뷰로 볼 줄 알아야 하는데 그 앵글이 작으면 작을수록 나중에 본인의 주장을 펼치기가 어렵습니다. 넓고 다양한 뷰로 시안을 검토하고, 그 힘든 검토 과정을 거쳐서 본인이 결정한 방향으로 사안을 이끌어 가는 게 본인의 실력이 되는 것입니다.

그리고 나서는 전달입니다. 혼자 하는 일은 거의 없습니다. 그리고 사실 혼자서 다 해결할 수 있는 일은 대단한 일이 아닙니다. 여러 사람을

끌어들여서 함께 호흡하고 해결하는 일이 더 가치 있는 일입니다. 그래서 본인의 생각을 잘 전달하는 것이 중요합니다. 가치 있는 일을 동료들을 설득하면서 해결할 줄 알아야 합니다. 또 그래야 임원, 사장님과 같은 윗사람과도 잘 소통할 수도 있는 것입니다. 위로 올라갈수록 내가 실무자 때 검토했던 뷰와는 다른 시각으로 사안을 볼 겁니다. 그런 의견들도 포용할 수 있는 입체적인 뷰가 필요합니다. 그래서 동료, 윗사람들과의 커뮤니케이션 능력이 중요합니다.

예전에는 하청 업체라고 불렸던 업체들을 요즘은 파트너사라고 부릅니다. 이렇게 말이 바뀐 이유는 '하청 업체'라고 부를 때는 그 사람들을 부리듯이 일하고 무시하게 되지만, '파트너'로 생각하면서 존중하고 함께 일하다 보면 기대했던 거 이상의 성과가 나타날 때가 있기 때문입니다. 그래서 파트너사들과의 커뮤니케이션, 공감대 형성, 그런 것들도 잘하는 게 다 자신의 역량이고 경쟁력이 되는 셈입니다.

ⓠ 그룹장님의 업무 루틴이 있나요?

ⓐ 전 보고서가 있고, 그걸 토대로 상대방을 설득해야 된다면, 스토리라인을 생각하고 키워드를 빨간 펜이나 파란 펜으로 밑줄 내지는 동그라미를 쳐 놓습니다. 보고서를 그대로 줄줄 다 읽는 건 말이 안 됩니다. 그래서 제가 보고서를 미리 보고 스토리라인에 담겨야 할 중요 키워드만 표시를 해 놓는 것입니다.

그리고 가급적이면 보고받는 사람이나 커뮤니케이션하는 당사자의 눈을 많이 봅니다. 왜냐하면, 눈을 보면 지금 이 사람이 내가 주장하는 거에 어느 정도 공감하는지, 얼마나 이해하고 있는지를 알 수 있기 때문입니다. 듣는 사람에 따라 얘기하는 콘텐츠의 깊이나 말하는 속도가 달라져야 합니다. 똑같은 얘기라고 모든 사람에게 동일한 속도를 적용해서는 안 됩니다. 파트너사와 이야기할 때, 사장님에게 보고할 때, 또 동료 임원과 이야기할 때, 내가 협조받아야 하는 부서의 팀장이랑 이야기할 때 다 달라야 한다고 생각합니다. AI처럼 프레젠테이션해서는 안 됩니다. 그런 식으로 한다면 업무든 커리어든 성공하기 힘들 것입니다. 즉, 보고서로 내가 말할 내용이 정리가 되었다 하더라도 상대방의 눈높이에 맞춰서 소통을 해야 한다는 것입니다. 아까 말했듯이, 사회생활은 소통이 기본이고 가장 중요한 것이기 때문입니다.

(미래 트렌드에 맞게 목표를 잡고
해당 산업에서 일단 경력을 쌓는 것을 추천)

◎ 통신 업계로 취업을 준비하는 친구들에게 조언 부탁드려요.

Ⓐ 지금 IDC 사업에서는 채용을 많이 하고 있습니다. 기술, 영업, 마케팅 등 많은 부분에서 인원이 필요하기 때문입니다. 또, 데이터센터도 하나를 지을 때 사람이 많이 필요해서 많은 인원을 충원해야 합니다. 그런 상황이 되었을 때, 시장 내에서 적합한 사람을 찾기가 쉽지 않다고 느낍니다. 우리의 눈높이에 맞는 인재가 없는 것입니다. 그렇다고 경쟁사의

직원들을 스카우트하기도 쉽지 않습니다. 어차피 비슷한 연봉이나 복리후생의 기업에서 잘 일하고 있는데 굳이 우리 회사로 넘어올 필요는 없을 테니 말입니다. 그래서 채용할 때마다 내부 추천도 받고, 서치펌 추천도 받고 하지만 역시 만만치 않습니다. 그래서 이제는 대기업이 아니라 중소기업이나 벤처에서 경력과 실력을 쌓은 인재를 찾게 됩니다.

이 말을 한 이유는, 아무 생각이나 목표 없이 열심히 공부를 하고 경험을 축적하기보다는 뜰 분야를 잘 판단해서 그쪽으로 목표를 잡고 준비하는 게 중요하다고 말해 주고 싶어서입니다. 트렌드를 잘 파악하고 해당분야에 있는 선배들, 혹은 다른 다양한 회사에 있는 선배들에게 자문을 구해 본인의 목표를 세우라고 조언해 주고 싶습니다. 그리고 꼭 큰 회사가 아니더라도 본인이 일을 시작해 그곳에서 경력을 쌓는 걸 얼른 시작했으면 좋겠습니다. 이제 막 이 분야에 관심을 가진 친구들은 채용하기 어렵기 때문입니다. 그래서 경력을 쌓고 이직을 통해 커리어를 점프업 하는 방법을 추천합니다.

또, IT분야에 있다 보면 영어의 중요성을 느낍니다. 지금은 아니더라도 어느 순간 영어의 필요성이 크게 올 때가 있습니다. 저만 해도 20년 동안 거의 영어를 안 하고 살다가 작년부터 영어를 안 할 수가 없는 상황에 처했습니다. AWS, 마이크로소프트, 구글, 알리바바 이런 회사의 설비를 이용하거나 제품을 판매할 때 모든 문서가 영어이기 때문입니다. 그리고 직접적으로 소통할 일이 늘어나기도 했습니다. 또 중국, 인도네시아, 말레이시아 업체와 소통을 할 때도 국제적으로 통용 되는 언어인 영어가 기준입니다. 점차 국가의 벽이 허물어지고 온라인 소통이 활발해지면서 영어에 대한 요구가 이제는 선택이 아닌 필수인 시절이 되었습니다. 언어적인 부분도 준비를 잘했으면 좋겠습니다.

Ⓠ **긴 시간 인터뷰해 주셔서 감사합니다.**

Ⓐ 감사합니다.

아홉 번째 잔

CK 커뮤스트리 이사

김형범

ⓠ CK 커뮤스트리 회사에 대해 소개해 주세요.

Ⓐ CK 커뮤스트리는 우리나라에 일하고 있는 외국인 근로자 약 200만 명을 대상으로 국제전화 서비스를 제공하는 기업입니다. 업력은 15년 정도 되었고, 최근 3~4년 전부터는 보이스 통화에 대한 수요가 감소하고 스마트폰 데이터 상품, SNS의 대중화 흐름에 맞춰 새로운 서비스를 제공하고 있습니다. 작년 7월 '슈가마켓'이라는 온라인 쇼핑몰, 중고 거래, 커뮤니티를 통합으로 제공하는 SNS 플랫폼을 런칭해서 열심히 홍보 중입니다. 중고 거래는 외국인유학생, 다문화가정 주부층이 많이 사용하고 있고, 이를 바탕으로 어떤 것들을 집중적으로 판매하면 될지 온라인 쇼핑몰에 대한 업력을 쌓고 있는 중입니다.

국제전화에 대한 수요가 감소하는 상황에서 외국인 근로자들이 한국에 잘 적응하며 살기 위해 어떤 걸 필요로 할지 고민하다 생각하게 된 아이디어가 이 플랫폼입니다. 추후에는 전자상거래, 송금, 부가적으로 대출이나 부동산 정보까지 제공할 생각을 하고 있습니다. 외국인 노동자들이 한국에 일하러 올 때 '슈가마켓' 애플리케이션을 깔아야 한국에서 잘 적응할 수 있다는 캐치프레이즈를 갖고 준비 중입니다.

아울러 사업 포트폴리오 확대를 위하여 MVNO 사업(알뜰폰서비스)도 준비 중입니다. 자사 브랜드(슈가엠모바일) 휴대전화 가입자를 유치하고 이커머스(슈가마켓), 국제전화(슈가인터콜), 송금(슈가뱅크) 등의 콘텐츠를 제공하여 기존 경쟁 사업자와는 다른 방식의 통신 및 플랫폼 결합 서비스를 제공하고자 합니다.

🗨 이사님의 롤모델이 궁금해요.

🅐 특별한 위인을 롤모델로 잡은 적은 없습니다. 신입사원 때는 주로 같은 조직 내에서 뛰어난 사람들이나 저를 업무적으로 잘 이끌어 준 사람들을 은연중에 롤모델로 삼았던 거 같습니다.

그러다 30대 후반부터 사회에 나가서 내가 무슨 일을 할지 고민을 할 때, 같은 대학교 한 학번 선배가 저의 사회적 롤모델이라는 생각이 들었습니다. 그 선배는 2000년도 IT 버블 때 가상 도시 아이템으로 닷컴 사업을 시작했다 망했습니다. 저에게도 같이 해 보자고 제안했는데 제가 그때 막 하나로텔레콤 신입사원으로 회사에 정을 붙이고 있던 때라 거절을 했습니다. 그 이후로 선배는 또 다른 사업을 하기도 하고, 회사에 들어갔다 나오기도 하다가 10년 전쯤, 제가 40대 초반일 때 친구와 다시 IT 사업을 시작했습니다. 1년에 한두 번씩 만날 때마다 사업이 점점 커지고 발전했습니다.

그 선배에게 배울 점이 많았습니다. 친구와 동업할 때도 자기주장을 강요하거나 내세우지 않고, 처음에 회사 꾸리는 것부터 해서 힘든 일을 다 도맡아서 했습니다. 6년 전에 독립할 때 걱정을 많이 했는데 우수한 직원들과 함께하면서 오히려 나와서 더 잘됐습니다. 지금은 직원이 100명 정도 되는 중소기업(아인시스 I&C)의 CEO입니다. 사람 사이의 신뢰관계를 잘 만드는 것도 형에게 많이 배웠습니다. 처음엔 별로 깊은 관계가 아니었던 해외바이어나 총판들도 형과 신뢰관계가 깊어지니까, 형이 독립하고 나서 오히려 도움을 줬다고 했습니다. 본인이 말한 건 항상 지키고, 상대방의 사소한 것에도 관심을 가지고 도와줍니다. 또, 자기가 약간 손해를 보더라도 약속을 한 건 꼭 지킵니다. 그런 것들이 쌓여 비즈니스 관계든, 직장 동료든 선배에게 신뢰를 느끼게 되는 것 같습니다. 자기가 힘든 일을 도맡아 하기도 하고, 밑에 사람들도 존중해 줍니다. 휴가를 갈 때도 본인이 사장이라고 마음대로 하는 게 아니라 직원들의 눈치를 봅니다. 'CEO' 타이틀을 달고 있지만, 성실한 모습, 후배들을 존중하는 모습을 꾸준히 보여 준 것들이 쌓이니까 직원 이직률도 떨어지고 퍼포먼스도 잘 나오는 것입니다.

저도 사회생활하면서 문제가 생기거나 고민거리가 있을 때 선배에게 상담을 많이 했습니다. 비즈니스 파트너들을 어떻게 대하는지, 대기업에 있을 때 사람들과의 관계를 어떻게 형성해야 할지, 이런 것들을 그 선배에게 많이 배웠습니다. 또 저를 인정해 주는 것도 고맙게 생각합니다. 잘 생각해 보니까 저의 롤모델은 이 선배입니다.

(실전으로 쌓은 면접 스킬과 긴장감 해소 방법으로
하나로텔레콤에 합격하다)

ⓠ 1997년 IMF 시절 이사님의 경험이 궁금해요.

ⓐ 하나로텔레콤에 입사하기 전, 6개월 정도 LG CNS를 다녔습니다. 제

가 원하는 활동적인 업무가 아니라고 생각해서 퇴사를 하고 무역 회사 공채를 6개월 정도 열심히 준비했습니다. 그때가 1997년도였는데, IMF가 터지고 모든 채용이 다 취소되어서 10개월 넘게 취직을 못 하고 힘들었던 기억이 있습니다. 그때 유일하게 채용을 한 곳이 하나로텔레콤이었습니다. 그때 당시 하나로텔레콤과 컨설팅 회사 면접을 같이 준비했는데 컨설팅 회사 면접을 준비하면서 쌓은 스킬과 긴장감을 해소하는 방법을 터득한 게 합격의 비결이 아니었나 싶습니다. 컨설팅 회사 면접을 먼저 봤는데 발표 면접도 많았고 영어 면접까지 있었습니다. 그러고 나서 하나로텔레콤 면접을 보는데 많이 긴장이 안 되었습니다. 실전으로 연습을 한 경험이 있어서 그랬는지는 몰라도 면접을 볼 때 면접관들과 다 눈을 마주치면서 제 의견을 잘 얘기했고 '내가 제일 잘한 것 같다' 하는 느낌이 들었습니다. (웃음) 인상 깊었던 질문은 '부동의 1위인 KT를 어떻게 하면 이길 수 있을 것 같으냐?' 였습니다. KT를 다니는 선배들에게 이런저런 이야기를 들었던 터라 그 내용을 활용해서 잘 받아 쳤습니다. 그리고 토론 면접을 할 때는 제가 나서서 사회자 역할을 하겠다고 했습니다. 여러 가지로 눈에 띄었던 거 같습니다. 면접에 대해 많은 준비를 했고, 또 심지어 실전으로 스킬까지 터득한 덕분에 IMF라는 힘든 사회 상황 속에서, 350대 1의 경쟁률을 뚫고 하나로텔레콤에 입사할 수 있었던 거 같습니다.

ⓠ 2000년대 초반 IT 버블 때는 어떠셨나요?

ⓐ 하나로통신을 다니고 있을 때였습니다. 싸이월드, 네이버, 네이트 등이 유행하던 시절이었고, 하나로텔레콤의 ADSL 인터넷 통신망을 통해 동영상이나 데이터를 다운 받았습니다. 아무리 콘텐츠가 활성화되어도 통신망이 없으면 결국 다운 받을 수가 없기 때문입니다. IT 발전에 꼭 필요한 서비스를 제공하는 기업에 다닌다는 자부심이 좀 있었습니다.

그때가 벤처기업 '닷컴'을 붙인 기업들이 활발하게 설립되던 시기였습니다. 사이트 하나 만들면 십몇억씩 투자를 받는 게 당연했습니다. 저도 친한 선배에게 벤처기업에 조인하라는 제안을 받았지만, 그때 신입사원이었고 회사에 애착이 있어서 하나로텔레콤에 더 다니고 싶다고 거절을 했습니다. 그 이후에 버블이 꺼지면서 많은 벤처기업이 사라졌습니다.

(　　　개인의 능력과 경험은 성장시켜 준 사업 경험　　　)

ⓠ 2008년, 2009년 글로벌 금융위기 때 위기를 겪으셨나요?

ⓐ 특별하게 힘든 건 없었습니다. 하나로텔레콤에서 국제전화 업무를 담당했는데 달러 가치가 많이 떨어져서 수출 시에 오히려 혜택을 보기도 했습니다. 부동산 가격이 버블로 많이 올랐을 때라 개인적인 부분이

힘들었습니다.

ⓠ 그 이후 2013년도에 하나로텔레콤 퇴사하고 사업을 시작하셨어요.

ⓐ 그때 '사오정' 이런 말이 유행했습니다. 나이 오십이 넘어가면 회사는 무조건 그만둬야 한다는 말이었습니다.

그래서 40대에 뭔가를 해 놓지 않으면 나중에 경쟁력이 없어진다고 생각했습니다. 2013년 2월에 회사를 그만둘 때 제가 40대 초반이었습니다. 회사에서 경력도 많이 쌓였고 업무에 대한 자신감도 꽤 있어서 나가서 좋은 아이템으로 사업을 시도했습니다. 제가 생각했던 그림과는 좀 다르게 돌아가고 있다는 생각이 들었고 사업이란 게 마음처럼 쉽지 않았습니다.

그러던 중, 1년 정도 사업을 하면서 고생을 하고 있는데 제가 하던 업무와 관련된 쪽에서 오퍼가 왔습니다. 좀 더 버텨볼까 했지만 경제적인 문제도 있었고 아예 모르던 분야가 아니라 잘할 수 있겠다는 생각이 있어서 2014년도에 지금 다니는 CK 커뮤스트리에 들어가게 되었습니다.

하나로텔레콤에 있으면서, 너무 큰 조직이다 보니 제가 발전하는 게 없다는 생각도 했습니다. 회사의 조건을 떠나서 개인으로서 봤을 때 너무 뒤처지는 것이 아닌가 하는 걱정도 있던 것입니다. 결과적으로 봤을 땐 제가 가진 경력, 능력 등은 분명히 업그레이드된 것 같아 그런 부분은 보람을 느끼고 있습니다.

◎ 코로나시대 위기를 어떻게 극복하고 있으신가요?

Ⓐ 사회적 위기는 다 아실 테니까 우리 산업과 회사의 입장에서 이야기를 해 보겠습니다. 고객층이 외국인 근로자인데 고객이 들어와야 이쪽 산업은 살아납니다. 2년에서 3년, 5년까지 비자를 연장했다가 기간이 끝나서 한 명이 나가면 다른 사람이 들어와야 하는데 지금은 그 회전이 안 되고 있습니다. 그리고 남아 있다고 하더라도 수입이 줄어드니까 소비를 줄여서 쇼핑몰도 어려워지고 있습니다. 최근 이쪽 산업에 있던 많은 회사가 폐업하거나 축소를 했습니다.

CK 커뮤스트리는 코로나 전부터 준비한 건데 시기적으로 잘 맞아 떨어졌다고 생각했습니다. 이번 사태를 겪으면서 '아, 이래서 항상 준비를 해야 하는구나'를 깨달았습니다. 코로나 사태는 전혀 예상하지 못했기 때문입니다.

지금도 어떻게 보면 저희는 준비 기간을 갖고 있는 겁니다. 올해부터 내년 상반기까지 잘 준비해 두면 내년 상반기 이후에는 외국인 노동자들이 들어올 것이고 그때 준비해 둔 서비스를 제공할 수 있을 것입니다. '위기는 기회다'라는 말처럼 지금의 위기에 잘 준비를 해서 내년에는 기회로 활용하려고 생각 중입니다. 외국인 노동자들도 플랫폼으로 배달시켜 먹고, 온라인으로 물건을 사고, 애플리케이션으로 송금하는 문화에 더 빠르게 적응하고 있습니다. 그래서 저희도 이러한 플랫폼 사업을 준비 중입니다. 코로나시대가 끝난다고 해도 코로나 2가 또 올 수도 있기 때문에, 비대면 쪽으로 준비 중입니다.

ⓠ **코로나시대에 취업을 준비하는 취업준비생들에게 조언 부탁드려요.**

Ⓐ 회사에서 사람을 뽑을 때 그 사람의 가치를 보고 채용합니다. 자신의 가치를 증명할 수 있어야 하는 겁니다.

예를 들면, 근래 광고 패러다임이 페이스북이나 인스타그램으로 옮겨 가고 있기 때문에 그런 쪽으로 관심을 가지고 준비한 친구들을 채용할 것입니다. 지금 사회에서 사람들이 뭘 가장 많이 하는지 공부하고 고민했던 사람들을 채용하는 것입니다.

저도 들은 거지만, 빅데이터가 중요해지는 만큼 빅데이터에 관한 공부를 한 인재의 가치가 올라간다고 합니다. 저희도 외국인노동자 데이터베이스가 있기 때문에 자신감 있게 다음 사업을 준비할 수 있는 것입니다. 결국에는 다 데이터 싸움이 될 것이기 때문에 그런 쪽으로 준비를 하는 것도 좋다고 생각합니다.

또, 영어에 대한 중요성은 더 강조해도 모자라지 않다고 생각합니다. 영어를 할 수 있는 사람과 아닌 사람은 기회의 차이가 생길 수밖에 없습니다. 저희도 고객이 컴플레인을 걸 때 보통 영어를 많이 쓰기 때문에 영어를 할 수 있는 사람과 없는 사람을 놓고 보면 무조건 영어를 할 수 있는 사람을 채용합니다. 또, 대기업에서 내가 영어를 필요로 하지 않는 업무를 사용한다고 하더라도, 나중에 영어를 쓰는 다른 팀으로 옮기고 싶을 때 영어를 쓸 수 없으면 아예 시도조차 해 볼 수 없을 것입니다. 비대면시대를 맞아 외국바이어와 비즈니스 미팅을 할 때도 영어는 필수로 사용할 수 있어야 합니다. 만나서 할 때보다 더 정확한 어휘구사능력이 필요로 하는 시대가 된 만큼, 영어는 더 철저하게 준비하길 추천합니다.

(연습한다 생각하고 최대한 많은 실전 면접 경험하길 추천해)

⊚ 면접관으로도 많이 들어가실 텐데, 취업준비생들에게 면접 팁 부탁드려요.

🅰 앞에서 얘기한 것처럼, 면접 준비를 잘하라고 해 주고 싶습니다. 면접도 결국 경력과 스킬이 쌓이게 되어 있기 때문입니다. 많은 회사에 지원해서 면접까지라도 기회를 잡으라고 말해 주고 싶습니다. 다양한 면접관과 다양한 상황의 질문들을 겪어 보면 자연스럽게 면접 스킬이 늘어납니다. 면접 학원을 다니기보다 최대한 많은 면접을 다녀 보는 것을 추천합니다. 사실 제가 하나로 면접에서 면접관들의 얼굴을 보면서 제 의견을 말할 수 있던 것도 앤더슨 컨설팅 회사에서의 면접 경험 덕분이었습니다. 내가 꼭 원하는 회사가 아니더라도, 연습한다 생각하고 많은 면접 자리를 가 보라고 해 주고 싶습니다.

또, 예상 질문을 뽑아 보고 회사에 대한 조사도 철저하게 하고 가라고 말해 주고 싶습니다. 면접관들도 별로 준비하지 않은 태도의 면접자는 바로 알아보기 때문입니다. 저도 면접관으로 들어가서, 우리 회사가 어떤 회사이고 매출이 어느 정도인지 면접을 보기 전에 먼저 설명을 해 줍니다. 결국은 서로를 존중하는 태도의 문제라고 생각합니다. 서로 귀한 시간을 내서 면접 자리에 마주 보고 앉았다면, 그만큼의 준비를 해 주고 대우해 주는 것이 예의라고 생각합니다.

스킬적인 부분은, 눈을 쳐다보면서 이야기를 하라는 것입니다. 나중에 영업을 할 때도 도움이 될 부분입니다. 면접을 보는 게 아니라 면접관들과 '대화'를 하러 갔다고 생각을 하면서 자신의 매력을 충분히 보여 줬으면 좋겠습니다.

ⓠ 직장생활을 하면서 행복했던 때는 언제인가요?

ⓐ 하나로텔레콤에서 위임장 받으러 다닐 때 행복했습니다. 그때 팀워크가 장난이 아니었습니다. '영업을 이렇게 했으면' 할 정도로 주주 한 명 한 명을 찾아가서 사인을 받고 한밤중까지 기다리기도 해 봤습니다. 회사에 위기가 왔을 때 회사를 지키기 위해 다 같이 힘썼던 게 보람차고 행복한 기억으로 남아 있습니다.

그리고 지금 CK 커뮤스트리에 다니면서 작은 회사지만 재무제표를 봤을 때 성장한 게 눈에 확 보일 때 행복합니다. 큰 회사에 다닐 땐 그러기가 힘들지만, 여기서는 A부터 Z까지 제가 직접 만든 서비스기 때문입니다. 데드라인을 맞추기 위해 주말까지 일한 적도 있고, 하루에도 서너 번씩 회의를 하고, 대안을 찾고 기획을 하는데 그런 일들을 하는 게 스스로 보람찹니다. 연봉이나 인센티브는 나중에 따라왔습니다.

ⓠ 4전 몇 승 몇 패라고 생각하시나요?

Ⓐ 4전 2승 1무 1패 정도가 아닐까 싶습니다. IMF 때 하나로텔레콤에 들어온 건 1승으로 볼 수 있겠고, SK 브로드밴드 퇴사 후 CK 커뮤스트리에 입사하기 전까지 1년 정도 기간은 1무 1패라고 봅니다. 좌절도 있었지만, 자신을 돌아보고 재정비할 수 있었기 때문입니다. CK 커뮤스트리에 입사해서 현재까지는 1승으로 생각합니다. 아니 앞으로 승수를 더 쌓아 갈 수 있다고 생각합니다. 그리고 저는 패가 없으면 승이 있을 수가 없다고 생각합니다. 사람이 연승을 하다 보면 '패' 할까 봐 두려워서 소심해진다고 합니다.

(사회초년생들, 먼저 다가가는 습관으로 좋은 인상 만들었으면)

ⓠ 대리급 이하 사회초년생들에게 조언 부탁드려요.

Ⓐ 조직생활은 사실 크게 변화가 없다고 생각합니다. 그래서 그 안에서 이미지 관리를 잘하라고 얘기해 주고 싶습니다. 사람은 누구나 자기에

게 다른 사람이 먼저 다가와 주길 바랍니다. 그래서 누구에게나 먼저 다가가는 습관을 들이라고 얘기해 주고 싶습니다. 지금은 상관이 없어 보여도 나중에는 다 필요한 사람이기 때문입니다. 나중에 관계가 어떻게 될지 모르기 때문에 좋은 기억으로 남아 있는 사람이 되라고 말해 주고 싶습니다. 또, 필요한 상황에서 평가를 하게 될 때, 결국은 그 사람과 가까이 일을 했던 사람들에게 다 레퍼런스 체크를 하게 됩니다. 그렇기 때문에 다른 사람들에게 나쁘게 보일 필요는 없는 거 같습니다. 물론 업무적으로 부딪힐 때야 있지만 저는 웬만하면 회의 끝나고 그때그때 풀었습니다. 내 입장은 이래서 그랬다, 이해해달라, 너희 입장도 모르는 건 아니다 이런 식으로 말입니다. 업무적으로는 다투지만, 인간적으로는 그러면 안 된다고 생각했습니다. 제 자랑 같지만 저는 하나로텔레콤 그만둘 때 다들 '임원까지 할 줄 알았다'라고 했습니다. (웃음) 회사에서 웬만하면 적을 만들지 않아서 다들 그렇게 얘기해 줬던 거 같습니다.

💬 이사님만의 루틴이나 사회생활 꿀팁이 있나요?

🅰 첫 번째는 긍정적인 면을 보려고 노력을 하는 것입니다. 어떤 비즈니스를 했을 때 생각했던 대로 되지 않더라도 그 안에서 내가 배우는 것이 분명히 있고, 또 더 좋은 대안을 만들 수 있는 바탕이 됩니다. 심지어는 다른 사람과 다투더라도, 왜 내가 그 친구와 다퉜고 그 과정에서 내가 뭐가 부족했는지 생각하면서 나중에는 그 행동을 안 하려고 노력합니다. 사업하면서도, 회사에서도 인간관계가 참 중요하기 때문입니다.

두 번째는 항상 대안을 생각합니다. 제가 사업을 실패했던 이유도 그 때는 너무 자신만만하게 시작했던 거라 이 부분을 놓쳤기 때문이었습니다. 업무를 하든, 사업을 하든 내 생각대로 일이 풀리지 않았을 때 어떻게 대응할지 시나리오를 미리 짜 놓고 준비를 하는 자세가 필요하다고 생각합니다.

◎ **긴 시간 인터뷰 감사합니다.**

Ⓐ 감사합니다.

열 번째 잔

라임라이트
네트웍스 코리아 상무

박현진

Q 하는 업무와 라임라이트 네트웍스 회사에 대해 소개해 주세요.

A 안녕하세요, 미국계 기업 라임라이트 네트웍스 코리아에서 CDN (Contents Delivery Networks) 사업 부문 세일즈와 채널 영업을 담당하고 있는 박현진입니다. CDN 사업에 대해 생소하실 수도 있어 간단히 설명을 하자면, 20년쯤 전에 생긴 사업 카테고리로 인터넷이 발달하면서 수요가 생긴 산업입니다. 간단하게 말하자면, 대용량의 콘텐츠를 좋은 품질로 전송하는 것입니다.

지금은 서비스 형태로 개발되어 대부분의 인터넷 업체는 CDN 서비스를 통해 고객에게 콘텐츠를 제공하고 있습니다. 네이버나 카카오 티비, 웨이브, 티빙, 아마존 프라임, 디즈니 같은 회사들을 예로 들 수 있습니다.

Q 20년 직장생활을 하며 상무님만의 롤모델이나 멘토가 있나요?

A 롤모델로 정해 놓은 사람은 없습니다만, 효성ITX에 근무할 때 계시던 대표님을 꼽고 싶습니다. 20년 직장생활을 하며 가장 합리적이라고 느꼈던 매니저셨습니다.

$$((\quad \text{IT 붐 시대, IT 업계로 첫 발걸음} \quad))$$

◎ 1998년 IMF 경제위기 때 상무님의 경험이 궁금해요.

Ⓐ 그때 당시 저는 미국에서 공부를 하고 있었는데 IMF로 인해 아버지 사업에 문제가 생기면서 1998년 1월 한국에 다시 들어오게 됐습니다. 한국에서 다시 학교를 다녀서 2000년에 졸업을 했고, 결론적으로 대학교를 만 10년을 다니게 되었습니다. 사실 그 당시에 만 30살이 넘으면 대기업에 입사 지원 자체가 불가능했습니다. 그래서, 아는 선배가 하는 작은 무역 회사에 입사해 사회생활을 시작했습니다. 굉장히 작은 무역 회사였고, 선배도 저도 고려대학교 물리학과를 졸업했기 때문에 일반적인 물건이 아니라 반도체 가공 장비나 대학교 실험 장비들을 주로 핸들링했습니다. 수입 과정에서 알아야 할 내용이 다 책 한 권은 되는 논문들이었습니다. 그 두꺼운 논문들을 읽어 가면서 매뉴얼 한글화 작업도 했습니다.

그때, IT 붐이 생기면서 IT 관련 회사들의 구인공고가 많이 올라오길래 저도 지원을 했습니다. 그중에 제이씨현시스템에서 면접을 보러 오라고 연락이 왔고, 기회가 되어 입사하게 되었습니다. 사회 전반적으로 IT 붐이 일면서 벤처기업들이나 IT 관련 회사들이 많이 생기고 각광 받는데, 그런 회사에 조인해 보지 못하면 아쉬울 거 같아 지원하게 됐습니다.

◎ 제이씨현시스템에서는 회사생활은 어떠셨나요?

Ⓐ 제이씨현시스템은 그 당시 IT 회사 중엔 꽤 큰 회사였습니다. 인텔

CPO를 국내시장에서 절반 이상 핸들링하고, 그때 유행하던 사운드 블레스터를 독점하고 있는 회사였습니다. 그 회사도 명확한 니즈가 있었다고 생각합니다. 그 당시는 회사에 영어를 할 수 있는 사람이 많지 않았고, 병역 특례 출신을 제외하고는 학력이 좋은 사람이 많이 없었습니다. 제가 입사하기 전부터 네덜란드계 큰 회사와 VoIP 사업을 추진하고 있었는데, 관련된 서류 핸들링부터 관련자들과 커뮤니케이션해야 하는 이슈들이 많아 통역사가 항상 필요했다고 했습니다. 그전까지는 필요할 때마다 통역사를 불러서 썼는데 제가 입사한 이후로는 안 불러도 됐습니다. 그때 회사에서도 저 같은 사람이 필요했던 거 같습니다.

⊙ 제이이씨현시스템이 나중에 엘림넷이 되었잖아요. 엘림넷에서 얼마나 일하셨죠?

🅐 1년 좀 넘게 일했습니다. 그 짧은 시간 동안 회사를 상장시키려는 업무에 투입되었습니다. 앤더슨 컨설팅에서 와서 작업을 했는데, 그 과정에서 앤더슨 컨설팅 쪽으로 차출돼서 일을 하다가 상장을 못 시키고 나오게 됐습니다. 그러고 나서 원래 조직으로 돌아오니까 분위기가 좀 그랬습니다. 그러던 와중에 헤드헌터한테 오퍼가 와서 두루넷으로 이직을 하게 되었습니다.

(빨리 성장하고 싶은 마음이 자주 움직일 수 있었던 이유)

💬 2000년 IT 버블 위기 때도 위기보다는 선택의 시기로 바쁘셨겠네요?

🅰 그건 아닙니다. 사실 그러면 안 되지만 애당초 회사에 취직할 생각이 없었습니다.

이렇게 생각하면 안 됐지만, 아버지가 어느 정도 먹고 살게 해 줄 거라고 생각해서 게으르게 살았고 공부도 천천히 했습니다. 유학하면서 물리 공부를 한다고는 했지만 사실 거기서 대단한 학문적 업적을 낼 생각도 없었고, 공부를 해 보니까 제가 업적을 낼 수준의 머리가 아니라는 것도 금방 알게 되었습니다. 어느 정도 따라가긴 해도 그 안에서 뛰어나게 우수하진 않았기 때문입니다. 그냥 물리철학 쪽으로 강의나 하고 먹고 사는 건 아버지께서 주신 돈으로 해결하려고 했는데 IMF로 인해 그 계획이 틀어지면서 직장생활을 시작하게 된 케이스입니다.

저는 그래서 플랜 B가 없었습니다. 특히나 회사에 취직해서 일을 할 생각은 해 본 적이 없었습니다. 그랬기 때문에 커리어패스가 안정적으로 가지 못하고 불안정하게 흔들린 것입니다. 2000년 IT 버블 때도 저에게 선택의 기회는 많았지만 안정적이고 평온하게 회사생활을 하지는 못했습니다.

💬 그 이후 GS네오텍(구 LG기공)에 가셨어요?

🅰 CDN 인더스트리에 몸을 담기 시작한 게 거기서부터였습니다. 그 당

시 CDN 업체는 아직 프로덕트 매니저(Product Manager)도 없던 실정이 었는데, 제가 조인할 때 프로덕트 매니저 비슷한 직무로 ESD(Electronic Software Download) 부문을 담당하게 됐습니다. 협력 업체에 소프트웨어 를 판매하러 다니는 세일즈 업무도 담당했습니다.

⊙ **GS네오텍 출신들이 CDN 인더스트리에서 큰 맥을 잡고 있어 요. GS네오텍이 업계 2위였음에도 살아남고 인재를 배출할 수 있던 이유는 무엇이라고 생각하세요?**

Ⓐ 우리나라 대기업들이 꼰대스러운 문화도 있지만 끈질긴 면이 있다 고 생각합니다. 무언가를 물고 시작하면 이게 되든 안 되든 갈 데까지 가 보는 편입니다.

그걸 가능하게 해 주는 게 대기업 뒤에 있는 자금력입니다. 힘든 상 황도 버틸 수 있는 현실적인 힘이지만, 그건 대기업만 가능한 것입니다. LG기공에 입사해서 상부에 리포트 할 때, 그런 얘기를 했습니다. 버티 면 무조건 못 해도 2등은 된다고. 그리고 3년 안에 업계 2등을 바로 실 현했던 것으로 알고 있습니다. GS네오텍에서도 1년 정도 근무했습니다. 오래 있으려고 했는데 그해에 아내가 교사 임용이 되었습니다. 한 명이 안정적인 직장을 갖게 되니까 저도 대기업에 있기보다는 도전적인 걸 하고 싶어졌습니다. 그 당시 알던 친구를 설득하고, 친구 아버님의 투자 를 받아 사업을 시작했습니다. 블로그 관련 사업이었는데 그 사업도 1 년 정도 하다가 잘되지를 않아서 관두게 되었습니다.

Ⓠ 짧은 시간에 정말 많은 걸 경험하셨네요?

Ⓐ 그렇죠. 그렇게 될 수밖에 없는 환경들이 조성된 것도 있습니다. 두루넷, 엘림넷 다닐 때 다 느낀 게 제가 사회생활 시작을 늦게 해서 또래에 비해 직급이 낮다는 것이었습니다. 두루넷에서는 제 옆에 있는 대리가 저와 동갑이었고, 심지어 앤더슨 컨설팅에서 온 사람은 차장급이었습니다. 그 격차가 대기업 안에 오래 있다 보면 좁혀집니다. 요즘 같은 세상엔 이게 더 좋을 것입니다. 오래 버틸 수 있으니까.

그런데 제가 느끼기에, 나이가 많은 사람의 1년과 나이가 어린 사람의 1년은 달랐습니다. 저 스스로 빨리 성장하고 싶은 마음이 강했습니다. LG기공 갈 때도 대리 달아 주면 가고 아니면 안 가겠다고 했습니다. (웃음) 방위 출신이라 경력 2년 반이었는데 그러면 대기업 기준 1년 반만에 '대리' 직급을 단 거였고, 그런 경우는 그 회사 역사에 저밖에 없었습니다. 그런 욕구가 강해서 자꾸 속도를 내려다보니까 계속 움직이게 된 거 같습니다.

$$(\quad \text{너무 회사를 가리기보다는} \atop \text{가서 본인의 능력을 발휘하길 추천} \quad)$$

Ⓠ 그 후에 다시 사회생활 시작하셨나요?

Ⓐ 그 이후에 다시 취직을 해야 했습니다. 저는 또 경력도 짧았습니다.

그런데 제가 회사를 잘 안 가립니다. 이 책이 취업준비생이나 사회초년생들이 주 독자층이라고 하니까, 너무 회사를 가리지 말라고 말해 주고 싶었습니다. 가서 자기 능력을 발휘하다 보면 더 좋은 곳에서 기회는 반드시 온다, 그런 조언을 해 주고 싶었습니다.

그 당시에 호스팅 회사인 '로아테크놀로지'에서 다시 취업을 했습니다. EBS를 담당했으니까 엄청난 메이저 기업이었습니다. 그리고 그때 사장님이 대접도 잘해 주셨습니다. 경력도 얼마 안 되는데 팀장 보직을 주면서 데이터센터 조직에 대한 마케팅 업무를 맡기셨습니다. 사실 그때 제 동갑내기들은 다 팀장이었습니다. 그때 나이에 팀장 안 달면 이상했죠. (웃음) 사장님의 큰 배려였던 거 같습니다.

ⓠ 로아테크놀로지에서 기억에 남는 에피소드가 있으신가요?

ⓐ 제가 있을 때, CDN 사업을 런칭했습니다. 그걸 계기로 현대인재개발원도 수주하게 되었습니다. 경쟁 업체들은 다 데이터센터 한 군데에서만 하는 걸 저희는 CDN으로 구현해 준다고 제안해서 저희가 수주를 받았습니다. 그때 뿌듯했던 기억이 있습니다.

ⓠ 그다음으로 상무님이 이직한 곳이 효성ITX로 알고 있어요.

ⓐ 네 맞습니다. 로아테크놀로지에서 1년 반 정도 근무할 때 효성에서

CDN 사업을 만든다고 콘택트가 왔습니다. 그렇게 세일즈로 이직하게 되었습니다.

ⓠ 정말 대단하시단 말밖에 안 나오네요. 이렇게 이직왕이 될 수 있던 비결이 있나요?

ⓐ 비결이요? 음, 일을 잘하는 것입니다. (웃음) 저는 그래도 회사 입장에서 '저 친구 돈 주고 쓰는 게 아깝지 않다'는 소리가 나올 정도로 일은 해야 한다 생각합니다.

(배울 게 많은 좋은 사람들과 함께 근무한 것이
회사에 오래 다닐 수 있던 이유)

ⓠ 효성ITX에서 근무는 어땠는지 궁금해요?

ⓐ 효성에는 과장으로 입사해 2년 정도 근무하고 그 위에 팀장님이 다른 회사로 가면서 공석이 나서 제가 팀장이 되었고, 다 합해서는 한 5년 정도 근무했습니다. 제일 오래 있었던 직장입니다. 효성에서 오래 일할 수 있던 이유는 사람이 잘 맞았기 때문이라고 생각합니다.

대기업이야 어딜 가도 기업 문화가 크게 다르지는 않습니다. 제 위에 있는 분들이 배울 것도 많고 좋은 환경도 조성해 주시는 좋은 분들이었습니다. 당시 사장님도 설득만 된다면 사업에 대한 지원을 아끼지 않으셨고, 본부장님도 워낙 똑똑한 분이어서 회사 경영적인 부분에 사장님을 많이 서포트해 주셨습니다. 전체적인 모양새가 좋았습니다. 내부 승진해서 팀장이 되었을 때 '아 여기서 잘하면 괜찮겠다'라는 생각이 들어서 오래 있게 되었습니다. 상사도 상사인데 제가 역량을 펼치고 주목받을 가능성도 높은 곳이라고 판단했습니다.

◎ 효성ITX 사회생활 중 기억에 남는 게 있나요?

Ⓐ 그때까지 영업직으로 일했음에도 효성ITX에 가서 사장님에게 배운게 많습니다. 들으면 사소하고 별거 아닌 것처럼 들리겠지만, 사장님의 행동이나 자세 같은 것이었습니다. '아, 영업은 이렇게 하는 거구나' 하고 생각했습니다. 그 예로 본인이 굉장히 높은 포지션에 있는 분인데도 전혀 그렇게 행동을 안 하셨습니다. 계열사 사장 레벨인데 영전도 안 받으시고 10년 넘는 차를 직접 운전하면서 거래처를 방문하셨습니다. 왜 그러시냐고 여쭤봤더니, "내가 콜센터 영업하는 사장인데 한전 같은 곳 센터장한테 갈 때 기사 딸린 에쿠스 차를 끌고 가면 그 사람들이 좋게 보겠나"라고 하셨습니다. 고객사의 눈높이에 맞춰서 고객 입장에서 먼저 생각하는 것입니다. 정말 잘나가시는 분인데도 소탈하셨습니다. 회의 때도, 많은 팀 회의에 다 들어가셔서 헷갈릴 수 있을 텐데, 회의마다 연필로 내용을 적어 두시고 그다음 그 팀 회의 때 그걸 그대로 들고 오셔서 질문을 하셨습니다. 문제점을 정확히 지적하시면서 포인트만 물어

보시는데 정말 대단한 분이라는 생각이 들었습니다. 건강관리를 위해 아침마다 운동하셨던 것도 인상 깊었습니다.

ⓠ 5년 정도 다니시고 효성도 관두셨어요?

ⓐ 효성은 관둘 생각이 없었습니다. 신세계 I&C에서 CDN 사업부 만들려고 하는데 와서 좀 맡으라고 연락이 왔습니다. 처음엔 안 간다고 했습니다, 당연히. 그러고 나서 6개월 있다가 또 헤드헌터를 보내서 얘기를 했습니다. 그때도 안 가려고 했는데 위에 모시던 사장님께서 그만두시고 나니까 저도 그만 다니고 싶었습니다. 사장님이 저한텐 중요한 분이고 멘토였던 것 같습니다. 옮긴 이유 중 그 부분이 가장 큽니다.

ⓠ 2008년, 2009년 글로벌 금융위기 때는 위기를 겪으셨나요?

ⓐ 사실 저는 이걸 이용해서 개인적인 재테크로 활용했습니다. 개인 재산이 어느 정도는 있어야 회사생활을 할 때도 여유롭게 할 수 있다고 생각합니다. IMF 때 집이 어려워진 경험이 있어서 그런 부분을 더 크게 느끼고 있었습니다. 개인적으로도, 회사에서도, 큰 위기는 없었습니다.

ⓠ 효성ITX 이후 상무님의 행보가 궁금해요.

ⓐ 신세계 I&C의 오퍼를 받아 갔는데 제 생각과 다른 점도 많았고 이곳에서 내 역량을 펼치기 힘들겠다 생각이 들어서 퇴사를 했습니다. 퇴사 생각을 하고 있을 때쯤, DS네트웍스라는 회사에서 OTT 플랫폼 개발 사업 총괄 매니저 제안을 했습니다. DS네트웍스에서 1년 정도 근무했고, 맡았던 업무 중에 가장 기억에 남는 건 지금은 '웨이브'가 되었는데 그때 당시 MBC '푹' 프로젝트를 수주했던 것입니다.

그리고 아카마이라는 글로벌 CDN 1위 회사로 옮겨 갔습니다. 제품이나 라인업에서 배울 게 많다고 생각했습니다. 회사 규모가 엄청나게 큰 외국계 기업들은 오히려 생각보다 영어를 쓸 일이 많지 않습니다. 그런데 한국 지사에 직원이 열 명에서 스무 명 정도 되는 규모의 기업은 백 엔드가 없습니다. 그래서 백 엔드 관련 이슈가 있으면 다 직접 본사랑 커뮤니케이션을 해야 하는데, 한동안 안 쓰던 영어를 쓰려니까 좀 힘들었습니다. 아카마이에서는 세일즈를 담당했습니다. 그런데 아카마이도 내부 사정으로 인해 결국 퇴사하게 된 회사 중 하나입니다. 그 이후로는 AWS 사업 파트너를 하려고 했는데 시작하기 전에 제가 그렸던 청사진과 현실이 많이 다르다고 느꼈습니다. 아마존 정책을 보면 볼수록 자영업자가 핸들링하는, 우리가 흔히 생각하는 에이전트 형태의 일이 아니라는 생각을 하게 됐습니다. 하여튼, 제 계획과는 달랐습니다.

💬 **그리고 다시 '라임라이트 네트웍스'라는 미국계 CDN 회사로 오셨어요. 이직한 회사는 많지만 상무님의 커리어를 가장 크게 관통하는 건 'CDN'이라는 사업분야네요?**

Ⓐ 맞습니다. 제가 처음에 각광 받는 통신 업계로 입사를 했습니다. 그런데 밖에서 보는 것과 막상 안에서 느끼는 건 달랐습니다. 통신 회사 안에 들어가서 '이게 과연 첨단이고 에지인가?'라는 생각이 많이 들었고, 회의감을 느끼게 되었습니다. 그 외에 IT, NI, 서버유통 사업 등 많은 분야를 겪었지만, 솔루션을 서비스 형태로 꾸준하게 제공하는 분야가 CDN 업체밖에 없었습니다. 저는 그 부분이 좋아서 CDN 업체 쪽을 가장 오래 다닌 거 같습니다.

(어떤 상황이 닥쳐도
내가 대응할 수 있는 체제로 살아가는 것이 목표)

💬 **코로나 위기는 어떻게 극복하고 있으신가요?**

Ⓐ 사실 코로나 상황에서 영업하기가 쉽지 않습니다. 사람을 만나야 영업이 되기 때문입니다. 그래서 인스타그램이나 페이스북을 다시 열기도 했습니다. 이가 없으면 잇몸으로라도 해야 하니까. 그런데 어쨌든 만날 사람은 만나게 되었습니다. 뭔가 문제가 생기면 방법은 그때그때 찾는 것 같습니다. IMF 때 집이 넘어가면서 느낀 게, 아무리 촘촘히 계획해

봐야 크게 의미가 없다고 생각이 들었습니다. 그냥 항상 언제 어떤 상황이 닥쳐도 내가 대응할 수 있는 체제를 갖추자는 게 목표가 되었습니다. 그래서 그런 식으로 살고 있습니다.

ⓠ 직장생활 20년 중에 행복하거나 기뻤던 순간은 언제인가요?

ⓐ 직장생활 전체 중에 가장 재미있고 좋았던 일은 효성ITX 시절, 싸이월드 수주했던 업무입니다. 그걸 계기로 회사가 메이저가 되었는데 그때가 가장 기억에 남고 뿌듯했습니다. 역시 목표도 좋고 승진도 필요하지만 하는 일 자체가 스스로 느끼기에 재미있어야 하는 게 가장 중요한 거 같습니다.

ⓠ 4전 몇 승 몇 패라고 생각하세요?

ⓐ 개인적으로 '패'라고 할 건 없었다고 생각합니다. 그렇다고 대단한 '승'도 없었습니다. 그냥 재미있게 잘 살았다고 생각합니다.

ⓠ 상무님만의 서바이벌 노하우가 있을까요?

ⓐ 저의 노하우는 될 때까지 하되, 안되면 깨끗하게 포기하는 겁니다.

그래도 졌다고는 생각하지 않습니다. 원래 자존감이 꺾이면 아무것도 안 됩니다. 그래서 스스로 자존감 꺾는 생각은 잘하지 않습니다. 그리고 세상이 흘러가는 걸 잘 보고 알아야 한다고 생각합니다. 그걸 모르고 있으면 내 앞에 있는 먹거리가 없어지는 걸 그냥 앉아서 구경만 하고 있는 것입니다. 내 먹거리가 어디로 가는지 잘 파악해서 쫓아가야 한다고 생각합니다.

낭중지추,
실력이 있으면 결국엔 다른 사람들도 알아보게 돼요

ⓠ 취업준비생들이나 후배들에게 조언 부탁드려요.

ⓐ '낭중지추'라는 말이 있습니다. 저는 그게 되게 의미가 있다고 생각합니다. 자기 실력이 있으면 어디서든 드러나고 알아보기 마련이기 때문입니다. 제가 회사를 많이 옮겼지만 사실 직접 이력서를 넣어서 들어간 곳은 엘림넷과 사업 실패 후에 입사한 로아테크놀로지 두 군데밖에 없었습니다. 나머지는 다 불러서 간 거였습니다. 너무 자랑처럼 들릴 수 있지만, 제가 말하고자 하는 건 이겁니다. '내가 한 일을 남 앞에 내놨을 때 하나도 부끄럽지 않다'라고 하면 거짓말이죠. 근데 '내가 최선을 다했다고 말할 수 있고, 아무리 생각해도 할 만큼 했다'라고 자신에게 말할 수 있을 만큼 일을 해 봤는지 스스로에게 물어보라고 하고 싶습니다. 그런 식으로 일을 하면 스스로도 만족이 되지만 남들도 다 알아보게 됩

니다. 그러면 지금 당장은 아니더라도 나중에 같이 일하자고 부르게 되어 있습니다. 그게 제가 직접 경험하면서 배운 것이고, 그래서 당당하게 취준생과 사회초년생분들에게 알려 주고 싶은 스스로의 가치를 높일 수 있는 방법입니다.

◎ **긴 시간 인터뷰 감사합니다.**

Ⓐ 감사합니다.

열한 번째 잔

(前)메딕션 대표

김석민

Ⓠ **안녕하세요, 대표님. 메딕션 회사에 대해 소개 부탁드려요.**

Ⓐ 메딕션은 하드웨어, 앱, PC 소프트웨어를 개발해서 정신건강을 진단하고 케어할 수 있는 정신건강 솔루션을 제공하는 기업입니다. 스트레스, 불안이나 우울증 같은 정신질환들, 그리고 생활에서 흔히 겪는 중독과 관계된 증상들을 진단하고 솔루션을 제공해 주고 있습니다.

Ⓠ **2000년도부터 사회생활을 시작해서 현재 22년 차인 것으로 알고 있어요. 대표님의 롤모델이 있나요?**

Ⓐ 롤모델을 쫓아서 사회생활을 한 적은 없는 거 같습니다. 다만, 내가 맡은 분야에서 경쟁력이나 독창성을 가지기 위해 항상 노력하고 있습니다.

Ⓠ **1997년 IMF 때 대표님의 경험이 궁금해요.**

Ⓐ 1999년도에 대학교 4학년이었고 2000년 2월에 졸업을 했습니다. 제가 사회생활을 시작할 때는 그래도 IMF를 겪고 전 국민이 금 모으기 운동을 해서 경제가 조금씩 다시 정상화가 되고 있는 시기였습니다. 2000

년대쯤 IT 쪽 관련 회사들이 다양하게 생겨나고 있었고 저도 운 좋게 온라인 게임 회사에 입사하게 되었습니다.

당시 초고속 통신망이 나오고 많은 IT 회사가 주목을 받는 등 경제 흐름이 IT 쪽으로 넘어가는 분위기였습니다. 그런 흐름에 발맞춰 저도 1999년도에 조선 쪽 밸브 회사에서 일을 하다가 IT 회사로 넘어오게 되었습니다. IT 인프라 기반으로 온라인 게임이라는 콘텐츠 사업들도 하나둘씩 발달하기 시작한 시점이었습니다.

ⓠ 게임 회사에서는 어떤 직무였나요?

ⓐ 처음부터 게임 업종을 염두에 둔 건 아니었습니다. 당시 국내 유명 포털사이트였던 엠파스에서 '리눅스'라는 시스템을 이용해서 포털 사이트를 만들고는 했습니다. 저도 리눅스를 공부해서 웹개발 쪽으로 취업을 알아보던 도중, 지인의 제안으로 게임 회사에 개발자로 입사하게 되었습니다. 그때 다니던 게임 회사가 2002년 4월에 엠게임으로 인수합병 되었습니다.

(게임 업계의 1세대 기획자)

Q 엠게임에서는 어떤 업무를 하셨나요?

A 엠게임으로 인수합병 되었을 때, 게임 1세대에는 '기획자'라는 직무가 없었습니다. 그래서 프로그래머들이 기획도 하고 다양한 작업을 했습니다. 회사 인원수가 점점 많아지다 보니까 업무가 점점 분업화가 되었습니다. 프로그래머에 비해 기획자 수가 적었고, 제가 기획 쪽으로 업무 성과를 잘 내다 보니 회사에서 프로그래밍은 그쪽 전문가들에게 맡기고 기획 업무에 집중하기를 바랐습니다. 그래서 프로그래밍에서 손을 떼고 기획에 집중하게 되었습니다.

그러다, 제가 기획한 게임들이 매출이 좋아지고 고객 대응 서비스가 계속해서 생성되다 보니 기획파트에서 기획실장이 되었다가 사업파트로 확장하게 되었습니다.

Q IMF부터 IT 버블까지, 대표님에게 큰 위기는 아니었나요?

A 그렇습니다. IMF 당시에 가장 많은 타격을 받은 건 제조업 쪽이었고 오히려 제조업의 상황이 안 좋아지면서 IT 쪽 인프라가 많이 생성될 수 있었던 배경이 된 거 같습니다. 결국, 그때를 기반으로 대한민국이 전 세계 유례없는 인터넷 강국으로 발전할 수 있었습니다.

ⓠ 엠게임에서 퇴사하게 되신 계기나 그 후 상황이 궁금해요.

ⓐ 회사를 다니면서 아무리 열심히 일을 해도 내가 얻을 수 있는 보상이 근로소득밖에 없다는 생각이 들었습니다. 물론 지금은 다르지만, 그 당시에는 급여 외에 제가 기대할 수 있는 게 없다는 생각이 들어서, 일한 만큼 돈을 벌어보자는 생각이 지배적이었습니다. 그래서 엠게임을 나오고 자영업으로 개인 사업을 시작하게 되었습니다. 그런데 자영업도 쉽지는 않았습니다. 찾아오는 손님들에게 좋은 서비스를 제공해 주는 건 자신 있는데, 유동인구가 많지 않은 지역이라 생각처럼 잘되지를 않았습니다. 그래서 사업을 접고 그 이후에 한빛소프트에 다시 입사하게 되었습니다.

ⓠ 한빛소프트는 어떻게 입사하게 되었나요?

ⓐ 한빛소프트에는 2012년도에 입사했습니다. 그 당시 한빛소프트에서도 운 좋게 딱 저 정도 스펙이 되는 사람을 찾고 있었습니다.

ⓠ 운이 좋았다고는 하지만 엠게임에서 대표님의 업적이 큰 것으로 알고 있어요. 주로 어떤 업무를 하셨는지 알려 주세요.

ⓐ 엠게임에서는 캐주얼 게임 기획을 담당했습니다. 캐주얼 게임이

라고 하면 모객을 하는 역할을 담당합니다. 회원들이 더 하드코어 한 MMORPG 같은 게임으로 넘어가는 징검다리 역할을 하는 것입니다. 캐주얼 게임도 비즈니스 모델이 있기 때문에 매출 상승에도 영향을 줬습니다. 1인당 아이템을 구 매하는 금액은 MMORPG에 비해 떨어지지만, 회원 수가 많아서 양이 많습니다. 결론적으로는 회사에 수익을 내게 해 줬고, 저의 평판이나 실적을 아는 사람들이 저를 긍정적으로 홍보해 주지 않았나 생각합니다.

ⓠ 한빛소프트에서는 어떤 일을 하셨나요?

ⓐ 저의 역할은 표면적으로는 개발운영실장이었습니다. 한빛소프트에서 개발하는 모든 게임과 관련하여 팀들을 관리하고, 조언하는 역할을 했습니다. 개발운영 총괄을 담당하는 자리였습니다.

ⓠ 한빛소프트의 유명한 대표 게임이 어떤 게 있나요?

ⓐ '오디션'이라는 게임이죠. 원래는 티쓰리엔터테인먼트에서 개발한 게임인데 2008년에 티쓰리엔터테인먼트에서 한빛소프트를 인수했습니다. 지금 국내에서 역주행하는 가요들처럼, 처음에는 인기가 없었는데 중국에서 대박을 쳐서 역으로 다시 한국으로 넘어와 유명해진 게임입니다. 그 자본을 기반으로 한빛소프트를 인수한 것입니다.

Q 2008년, 2009년 글로벌 금융위기도 게임 회사들이 영향을 많이 받진 않았나요?

A 네, 큰 위기는 없었습니다.

Q 한빛소프트에 2012년도에 입사해서 2013년까지 1년 정도 근무하고 퇴사하셨어요. 어떤 이유였나요?

A 조직 관리에 있어서 커뮤니케이션 문제가 많았습니다. 제가 퇴사하게 된 데에도 그런 이유가 있었습니다. 게임 개발하는데 20~30명이 투입되는데 다양한 사람들이 뭉쳐 있다 보니 업무적으로 부딪히는 부분들이 많았습니다. 그런 갈등들이 쌓여서 윗선에 보고가 되었고 그 안에서 피해자와 가해자가 나뉘었습니다. 보통 조직에서 그렇게 되면 피해자들이 나가기 마련입니다. 그렇다고 해서 가해자들이 계속 회사에 남아서 열심히 일을 하냐, 그렇지도 않습니다. 프로젝트를 진행하는 데 필요한 인원이 있는데 거기서 핵심 인력이 빠져나가 버리면 남은 사람들도 그걸 감당하기가 어렵습니다. 결국, 그렇게 프로젝트 하나가 날아가는 것입니다.

《 내가 하는 일이 다른 사람들에게 기쁨이나 혜택을 준다는 게
일할 수 있는 원동력 》

ⓠ 한빛소프트 퇴사 후에는 어떤 일을 하셨나요?

ⓐ 퇴사 이후에 가상현실 VR 기술에 관심이 생겼습니다. 게임에 적용하기엔 무리가 있었고 특수 목적으로 사용하는 가상현실이라면 경쟁력이 있겠다고 판단했습니다. 그에 필요한 기본 기술을 공부하고 부산에 있는 대학에서 게임 기획 강의를 시작했습니다. 그렇게 2013년도에 퇴사해서 2014년도 여름까지 대학에서 강의를 했습니다. 그런 쪽에 제가 관심이 있다는 걸 알게 된 지인들이 가상현실을 통해 중독 치료를 하는 회사를 소개해 줬습니다. 그 회사가 바로 메딕션입니다. 처음부터 대표는 아니었고 7년 정도 근무하다 대표 자리를 맡게 되었습니다.

초반에 제가 입사했을 때는 IT 전문 인력이 없던 회사였습니다. 현직 의사들이 사이드 잡으로 개발을 진행하고 있었고, 그래서 전문적인 IT 기술이나 설계가 많이 부족했습니다. 제가 입사해서 그런 일을 맡아서 진행하면서 좀 더 성능이 좋은 형태의 제품들을 많이 만들어 내기 시작했습니다.

ⓠ 일을 하면서 어떤 고충이 있으신가요?

ⓐ 가장 먼저 생각이 드는 건 기존 의료진들의 보수적인 마인드가 문제라고 생각합니다. 특히 우리나라 양의학은 자기 그룹들이 배운 의학 말고는 다른 치료법이나 기술은 '대체의학'이라고 치부합니다. 그걸 적극적으로 받아들일 수 있는 마인드가 있으면 좋은데 대부분 경계하는 편

입니다. 그런 것들이 시장에 진출하는 데 한계가 됩니다.

ⓠ 대표님의 22년 직장생활을 보면 창의적인 기획이나 무언가를 창조하는 Creativity가 관통하는데, 그런 일을 할 수 있는 원동력이 무엇인가요?

ⓐ 제가 하는 일이 사람들에게 기쁨을 주고 혜택을 준다는 게 기쁩니다. 그 마인드가 탑재되어 있어서 게임을 개발하는 동기도 되었습니다. 그 이후에 헬스케어 사업 쪽으로 넘어오면서 내가 만든 콘텐츠나 하드웨어가 사람들의 정신건강에 도움이 된다는 것에 보람을 느껴 일을 꾸준히 할 수 있었던 거 같습니다.

(시장 트렌드를 읽고 자신만의 무기 개발에 힘써라)

ⓠ 코로나시대에 대한 대표님의 생각은 어떤가요? 어떻게 대처하고 극복해야 할지 조언 부탁드려요.

ⓐ 세상은 빨리 변합니다. 변하는 세상을 빨리 알아채서 거기에 맞게 자기개발을 해야 합니다. 실제로 면접에서도, 어떤 대학에서 어떤 전공을 했고, 어떤 자격증이 있다고 하는 지원자들보다 창의적이고 의욕 있는

지원자들을 뽑고자 합니다. 그 의욕은 취업하고자 하는 의욕이 아니라 '내가 무슨 일을 하고 싶다'라고 하면서 자기가 하고 싶은 일을 찾아가고 만드는 친구들을 회사도 뽑고 싶어 한다는 것입니다.

대학을 막 졸업한 저희 조카도 이야기하다 보면 하고 싶은 일이 없다고 합니다. 제 경우를 예로 들자면, 저는 20대 때 주식을 처음 시작하면서 많은 금융가와 투자자가 이런 회사에 많이 투자하는구나, 그렇다면 왜 투자를 할까, 하면서 트렌드를 읽었습니다. 그러면서 제가 구축해야 하는 기반 기술이 뭔지도 배우게 되었습니다.

지금 상황에서 현실적으로 해 줄 수 있는 조언은 프로그래밍을 공부해야 한다는 겁니다. 이과든, 문과든 기본적인 코딩에 대한 지식이 있으면 회사에서 굉장히 중요한 인재가 될 수 있습니다. 외국어를 잘하는 거보다 더 플러스가 될 수 있습니다. 저희 조카에게도 빨리 취업하고 싶으면 일반적인 자바나 웹프로그래밍을 공부하라고 추천해 줬습니다. 그러면 은행이든, 삼성전자든, 어느 대기업이든 이 프로그램이 존재하는 회사에 들어갈 길이 생긴다고 얘기를 하면서 말입니다. 그 말을 듣고 1년 동안 인공지능을 공부하던 조카가 프로그래밍을 공부하고 쿠팡에 입사했습니다. 그래서 제가 하고 싶은 말은, 트렌드를 읽고 그 트렌드에 기반이 되는 기술을 준비하라는 것입니다. 지금 상황에선 대부분 프로그래밍 쪽으로 많이 귀결될 것입니다. 외국어를 할 수 있는 것처럼, 본인에게 큰 무기가 될 거라고 얘기해 주고 싶습니다.

ⓠ 직장생활 하면서 행복했던 순간이나 경험이 있나요?

ⓐ 저는 사소한 것에서 큰 행복을 얻는 편입니다. 많은 사람이 동참해서 몇십억, 몇백억 성과를 낸 결과물도 물론 뿌듯합니다. 하지만 저는 그것보다도 사소한 것에 뿌듯함과 행복함을 느낍니다. 예를 들어, 제가 게임을 만들 때 이펙트 소리를 넣었는데, 고객들의 피드백이 좋을 때 행복합니다. '이 소리 너무 듣기 좋다' , '이 소리 때문에 게임 할 때 더 짜릿하다'와 같은 피드백을 받으면 뿌듯합니다. 나의 참여율이 높을수록 기쁨이 커지는 것 같습니다. 내 의지나 참여율이 높고 자기가 하고자 하는 일을 누군가 알아줄 때의 기쁨인 것입니다.

(사회초년생, 업무의 의미를 고민하고
일 잘하는 직원으로 성장하라)

ⓠ 사회초년생들에게 노하우나 팁을 주신다면요?

ⓐ 입사 초반에 업무 지시를 많이 받습니다. 그때 내가 이 일을 왜 하는가, 이 일이 가지는 의미는 무언가 하는 생각을 해 봤으면 좋겠습니다. 그러다 보면 내가 더 할 수 있는 게 무엇인지를 알게 됩니다. 그걸 모르는 직원들도 있고 아는 직원들도 있는데 아는 직원들은 나중에 '이 친구 일 참 잘해'라는 소리를 듣습니다. 본인에게 주어진 업무에 대해 고민하고 자기 나름대로 의미를 해석해 봐야 한다고 생각합니다.

똑같이 리포트를 내라고 하면, 그냥 로우 데이터를 정리만 해서 긁어 오는 직원이 있는가 하면 그 밑에 자신의 코멘트가 한 줄이라도 들어가는 직원들이 있습니다. 그걸 생각하는 직원과 아닌 직원은 나중에 큰 차이를 만들 수밖에 없습니다.

ⓠ 면접관으로 많이 들어가실 텐데 면접 팁이 있을까요?

ⓐ 인성적인 부분은 밝은 이미지와 자신감 넘치는 표현들을 준비하는 게 가장 기본이라고 생각합니다. 자기만의 도구, 무기들을 잘 준비해서 들어가면 그게 이미 70~80점은 먹고 들어간다고 볼 수 있습니다. 본인만의 아이템들을 잘 장착해 놓으면 주목을 받을 수밖에 없습니다. '이 친구가 이런 걸 준비했네?'라고 눈이 가면 결국은 면접이 합격을 전제로 깔고 이 친구가 했던 경험들을 '확인하는 절차'로 변하게 됩니다.

(반 이상은 가 보라!)

ⓠ 대표님의 성공 노하우가 있나요?

ⓐ 정답은 아닌데 제 인생 경험상 뭐든지 일단 반 이상은 가보는 게 제 노하우라고 말하고 싶습니다. 관심분야가 생기면 그 분야의 전문가들과

이야기할 수 있을 정도로 반 이상은 가 보는 것입니다. 금융, 기술, 경영, 재무 등 어느 파트가 됐든, 그쪽에 관심이 생기면 파고드는 편입니다. 그게 결국 나의 미래를 연장시키고 넓게 확장시키는 자양분이 되기 때문입니다. 길을 열어 주는 배경이 됩니다. 돈을 버는 것에 만족하지 말고 본인이 관심이 있는 분야에 있어서는 파고들어 보라고 조언해 주고 싶습니다.

ⓠ **긴 시간 인터뷰 감사합니다.**

Ⓐ 감사합니다.

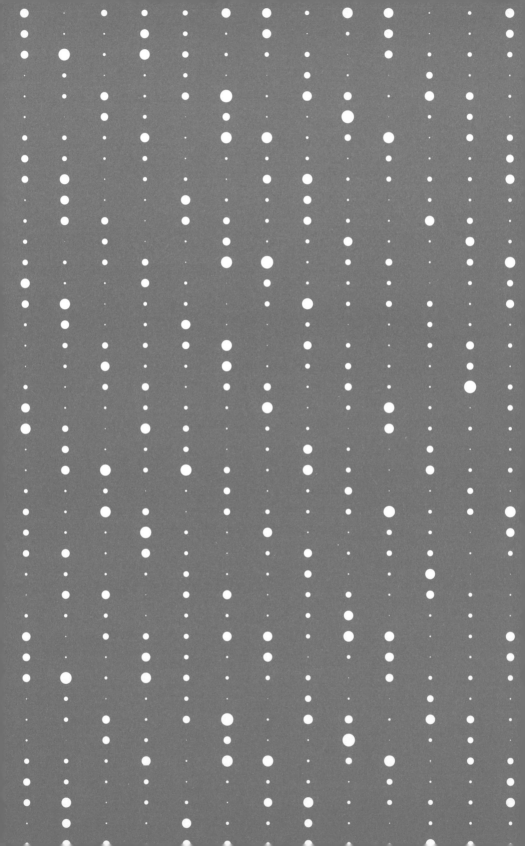

열두 번째 잔

카테노이드 대표

김형석

💬 **안녕하세요, 대표님. 카테노이드 기업과 사업을 시작하게 된 배경에 대해 이야기해 주세요.**

🅐 스마트폰이 보편적으로 보급되면서 동영상을 소비하는 게 일상화가 되었습니다. 제가 경영학을 전공했는데 결국 부의 흐름을 파악하려면 궁극적인 소비자인 인간의 행위를 관찰하면 되었습니다. 전 세계 인구 50%가 넘는 사람들이 항상 스마트폰으로 무언가를 하기 때문입니다. 이런 거대한 상업적 움직임에서 어떤 기업이 혜택을 보고 어떤 기업이 손해를 볼까 생각을 했습니다. 사람들이 스마트폰으로 게임을 하고 동영상을 봤기 때문에, 고용량의 CPU 저장공간을 제공해 줄 수 있는 하드웨어 업체들이 일차적으로 혜택을 입었습니다.

이런 상황에서 하드웨어가 아닌 '기술'을 팔 수 있지 않을까 하는 러프(Rough)한 생각으로 사업을 구상했습니다. 영상으로 사업을 하거나 커뮤니케이션을 하고 싶은 기업들을 대상으로 기업용 동영상 플랫폼을 제공해 주는 아이디어였습니다. 비판적인 사람들은 '유튜브가 있는데 그게 되겠어?'라고 이야기를 했습니다. 그런데 전 유튜브가 모든 시장의 요구를 만족시킬 수는 없다고 생각했고, 그래서 이 플랫폼을 시작하게 됐습니다.

씨디네트웍스 부사장으로 근무할 때, 씨디엔 산업 90% 이상을 차지하는 전성기일 때, 게임사나 웹이미지를 캐시하는 옥션 등의 업체를 빼고, 영상을 씨디엔 딜리버리 해 달라고 의뢰하는 업체가 약 100개 정도 되었습니다. 그때가 약 10년 전이었는데, 국내에 온라인 교육 동영상 사업을 하는 업체가 1,500개 정도 되었습니다. 절반 정도는 이름만 걸어 놓은 업체라고 가정해도 약 700개 정도 되는 업체가 있는 것이었습니다. 그 당시에 씨디네트웍스는 영업도 잘했고 기술도 다른 업체에 비해 월등히 좋은 것으로 알려져 있는데 왜 이쪽 분야에 고객이 많이 없을까 고민을 했습니다. 그때 제가 내린 잠정적인 결론은, 내가 하는 업이 개발자나 엔지니어를 위한 상품이라 그렇다는 거였습니다. 자세히 얘기하자면, 대부분의 온라인 교육 업체는 보통 엔지니어가 없습니다. 그 사람들은 씨디네트웍스를 검색하다 본 적은 있겠지만 씨디엔이 어떻고, 캐시가 어떻고, 아무리 그렇게 열심히 영업을 해도 이게 무슨 소린가 했을 것입니다. 가전제품을 새로 사면 매뉴얼이 있습니다. 고객의 눈높이에서 제품이나 상품을 이해할 수 있게 말입니다. 그래서 저도 이런 산업의 고객층을 상대로 유저가이드를 만들어 준다면 그런 사람들도 쉽게 이해하고 사용할 수 있게 되지 않을까 생각했습니다.

그때 내린 잠정적 결론을 또 생각하게 됐던 일화가 있었습니다. 씨디네트웍스가 글로벌 기업이라 미국법인, 유럽법인, 일본법인이 있는데, 제가 매주 지사장들과 미팅하면서 영업 관련 보고를 받았습니다. 보고 내용은 사실 뻔했습니다. 고객이 누구고, 가격 결정 관련 얘기하고, 경쟁사가 어디고, 보통 그런 얘기를 합니다. 일본법인 미팅 중이었는데, 경쟁사가 미국계 브라이트코브라는 기업이라고 했습니다. 잘 몰랐던 기업이고 그냥 로컬 업체인가보다 하고 잘 찾아보지도 않았습니다. 그런데 또 다른 날 미팅 때, 또 경쟁사가 브라이코브라고 하는 것입니다. '지난번에도 거기라고 하지 않았냐, 어떤 기업이냐'고 물어봤더니 CMS 회사라고 했습니다. '우리가 CMS 기업이랑 왜 경쟁을 하냐?' 하고 그 당시엔 이해를 못 했습니다. 그 이후로도 몇 번 큰 프로젝트에서 그 기업을 상대로 이길 만하면 아쉽게 졌습니다. 영업 쪽도 우리 프레임과 겹치는 곳이 아니라 경쟁에서 왜 졌는지도 몰랐습니다. 전혀 감을 잡을 수가 없었습니다. 이것도 물론 저의 잠정적 가설이었지만, 앞에 말한 것과 비슷한 이유로 영업 프로젝트를 뺏기지 않았나 싶습니다. 일본은 애니메이션 등 콘텐츠 강국이긴 해도 IT 쪽은 약합니다. 그러니까 기업마다 엔지니어가 없을 거고, 우리 일본법인 영업사원들이 가서 아무리 좋은 얘기를 해도 그 사람들은 무슨 말인지 못 알아들었을 거 같습니다. 대신 브라이트코브 기업은 그 사람들 눈높이에 맞춰서 시연을 해 줬을 것입니다. 그래서 결론은, 왜 온라인 동영상 쪽에 700개나 되는 고객이 있는데 실패했을까 고민하다가 잠정적인 결론을 찾고, 2012년에 카테노이드를 설립하고 사업을 시작하게 됐다는 것입니다.

("삼십 대 초반에 임원이 된
제게 사회생활의 멘토 역할을 해 주신 분이죠")

ⓠ 대표님의 롤모델이 궁금해요.

ⓐ 제 삶에 영향을 미친 인물 세 명이 있습니다. 첫 번째는 24살, 25살 때 읽은 책의 주인공이었던 '김옥균'입니다. 그전까지는 그냥 갑신정변

을 일으킨 사람으로만 알고 있었습니다. 김옥균은 머리가 워낙 비상해 장원급제를 했고, 안동김씨의 적자, 그러니까 큰 세도가의 큰아들이었습니다. 지금으로 따지면 재벌 2세인데 능력도 있고 머리까지 좋은 사람인 것입니다. 심지어는 5급 사무관급으로 고종과 독대를 할 수 있는 정도였다고도 합니다. '그런 사람이 왜 쿠데타를 일으켰을까?' 하는 생각이 들었습니다. 그 당시에 쿠데타면 3족을 멸한다는 걸 알았을 텐데 뭐 하나 아쉬울 것 없이 살았을 사람이 왜 그런 일을 벌였을까 궁금했습니다. 당시 제가 군대에 갔다 와서 목표 없이 방황하던 때에 그 책을 읽었는데, 31살이라는 젊은 나이에 그런 일을 일으켰다는 것이 참 인상 깊었습니다.

두 번째도 역사적 인물입니다. 드라마로 많이 만들어졌던, 이성계의 핵심참모였던 '정도전'입니다. 정도전 책을 읽고 마음에 깊이 들어온 건 아마 그 당시 제 상황도 영향이 있을 것입니다. 씨디네트웍스에 합류하고 회사가 잘됐습니다. 회사가 잘되면 모든 게 아름다울 거 같지만 그렇지는 않았습니다. 그 당시 사장님과 갈등도 좀 있었는데, 회사가 잘될수록 주목도가 올라가니까 주변에서 많이 흔들었습니다. 저와 사장님을 갈라놓으려고 일부러 그런 건 당연히 아니겠지만, 저를 흔드는 말을 많이 들었습니다. 나와서 사업해라, 네가 다 한 거 아니냐, 이용당하는 거 아니냐, 등등. 지금은 웃으면서 말할 수 있지만, 그 당시에는 제가 내부적으로 기업 철학과 맞지 않아 힘들어했던 때라 회사 안에서 내 정체성이 뭘까 고민하고 힘들어했습니다. 고려 말 때, 정도전이 이성계를 찾아가서 둘이 함흥에서 긴 대화를 합니다. 정도전은 고려의 체계는 끝나 가고 있다고 생각했고, 쿠데타를 이루기 위해선 물리적 힘이 있는 이성계가 필요했던 것입니다. 그때 대화를 하면서 이성계 입장에선 정도전의 채용 면접을 본 것이고, 정도전 입장에선 내가 모실 주군 면접을 본 것이었습니다. 그렇게 둘이 마음이 맞아 쿠데타를 일으키고 평생 서로에 대한 의를 지킵니다. 정도전은 죽으면 끝이었지만, 이성계는 자신의 아들에게 왕위를 물려 줄 수 있는 입장이라는 게 조금 달랐습니다. 그렇다면 정도전은 실패한 인물이고 이성계가 성공한 인물이냐? 그렇다고 보지는 않습니다. 무려 500~600년이 지난 시점에 역사적 인물을 추억하는 게 나쁘지 않았습니다.

마지막은, 제가 데이콤 경영기획팀에 있을 때 저희 팀장님입니다. 그때 데이콤 전 직원이 2,000명이었고 본사에 800명 정도가 있었습니다. 그냥 그 안에 경영기획팀 팀장님일 뿐인데, 명절만 되면 후배들이 문지방이 닳도록 찾아왔습니다. 수많은 후배가 찾아와서 별것도 안 하고 그냥 팀장님만 뵙고 인사드리고 가는데 그게 참 인상 깊었습니다. 그리고 사실, 대기업 경영기획팀 팀장이면 끗발이 좋은 자리입니다. 보통 임원 달기 전에 경영기획팀 팀장 자리를 거치고 올라가기 때문입니다. 그 자리의 팀장님은 보통 자기가 임원 되는 것이 가장 중요하기 때문에 팀원들을 잘 챙기지도 않고 팀원들을 다른 부서에 보내 주지도 않습니다. 왜냐하면, 자기가 빨리 임원 되어야 하니까. (웃음) 그래서 팀원들이 약간의 피해의식이 있었습니다. 한두 번 겪어 본 것도 아니었기 때문입니다. 그런데 이 팀장님은 이상했습니다. 온 지 두 달 만에 선배들을 다른 팀으로 막 보내 주었습니다. '저 과장님이 나가면 우리 일이 안 돌아가는데…' 하면서 오히려 저희가 더 걱정이었습니다. 10년간 누적된 그런 분위기를 다 풀어 버리셨습니다. 그리고 보고를 할 때도 그분의 그릇이 정말 크다는 것을 느꼈습니다. 저야 그 당시 사원이었으니까 어디 팀장님한테 말을 걸겠습니까. 보통 저희가 취합해서 보고를 드리면 팀장님이 6시쯤에 CEO에게 내용을 보고 하고 업무 지시를 받아서 6시 반쯤에 저희한테 그 내용을 전달해 주셨습니다. 팀장님이 스마트한 경우엔, 한 번에 보고가 끝날 수도 있는데 아닐 경우엔 그걸 몇 번을 고치고 다시 보고 해야 합니다. 그런데 이 팀장님은 참 이상했습니다. 잘 알아들으신 거 같지도 않은데 보고를 드리면 "알았다. 퇴근해라. 내가 알아서 할게"라며 저희를 보내셨습니다. 정말 미스터리한 사람이라고 그 당시엔 생각했는데, 지금 돌이켜 보면 후배들도 사랑했고 리더십도 강한 분이었습니다. 그분을 유심히 관찰하긴 했는데 계속 말도 못 붙이고 있었습니다. 그리고 제가 사표를 냈을 때, 그분은 당시 천리안 사업 본부장으로 가 있으셨는데 제가 속해 있는 부서는 어떻게 아셨는지 전화를 하셨습니다. 너 내 자리로 와 보라고 말입니다. 당연히 저를 말리셨습니다. 근데 저도 고집이 있는 편이라 벤처기업으로 이직을 하겠다는 마음을 굽히지는 않았습니다. 이후 이 분은 경북 지사장으로 발령이 났는데, 일 때문에 한 달에 한두 번은 서울에 올라오셨습니다. 근데 올라올 때마다 이 양반이 불러서 밥을 사 주셨습니다. "바쁠 텐데 밥은 먹고 다니냐"라면서 말입니다. 제가 고려대 경영학과를 졸업했는데 "내가 네 선배인 건 아냐"고 묻기도 하셨습니다. '이 양반이 이런 것도 물어볼 줄 아시는구나, 굉장히 자유로운 분이었구나' 하고 그때 처음 알았습니다. 데이콤을 나와서야 그분이 저를 많이 아끼셨다는 걸 느꼈습니다.

　제가 32살에 씨디네트웍스에 합류했는데 엄청나게 빠르게 성장했습니다. 저는 그냥 서른서너 살 김형석이었는데 회사에서는 저를 조직의 임원으로 보는 것입니다. 그러면 저도 그렇게 행동을 해야 했습니다. 근데 저는 아는 게 없었습니다. 회사 인원이 20명일 때랑 회사 인원이 100명일 때랑 어떻게 다르게 행동해야 하는지, 그런 것들을 이분께 많이 물어봤습니다. 사회생활 멘토 역할을 해 주신 셈이었습니다. 10년간 도움도 많이 주셨고, 저도 참 배운 게 많습니다.

ⓠ **잘나가는 대기업이었던 데이콤에서 벤처기업으로 옮기셨어요. 그때 상황들이 어땠나요? 그런 선택을 하기가 보통 쉽지 않은데 어떤 이유로 벤처로 옮기셨는지 궁금해요.**

Ⓐ 저는 데이콤을 정말 사랑했습니다. 보통 사람이 자신이 속한 조직을 사랑하는 거 이상으로 사랑했고, 회사가 잘되도록 최선을 다했습니다. 그러다 LG에 인수되면서 퇴사를 결심하게 됐습니다. 당연히 LG에서 나가라고 하지는 않았습니다. 저야 그때 일개 대리였는데 나가라고 할 이유가 없었습니다. 그런데 이상하게 제가 못 견딜 것 같았습니다. 1999년 말 2000년 초에 인수되는 과정에서 느낀 게, 제가 사랑했던 데이콤의 분위기는 없어졌다는 것이었습니다. 말로는 투덜거렸지만, 기본적으로 제가 회사를 많이 사랑했습니다. 당연한 것이겠지만, 인수합병 과정에서 자기 안위를 먼저 생각하고 살길을 찾는 그런 회사 분위기에 적응도 안 되고 힘들었습니다.

부서를 옮길 생각도 했었는데, 그 당시 팀장님이 놔 주질 않았습니다. 그때 인터넷, 닷컴 열풍이 불었고 데이콤 출신 중에 창업을 한 케이스도 많았기 때문에 위에 선배들도 많이 나갔습니다. 선배들이 하나둘씩 사라지고 보니 어느새 제가 고참이 되어 있었습니다. 지금은 이해하지만, 그때는 당시 팀장님을 이해할 수가 없었습니다. 술자리에서 농담 반 진담 반으로 저에게 "넌 사표 내지 않는 이상 부서는 못 옮긴다"라고 하셨습니다. 웃긴 건, 퇴사는 생각도 해 본 적 없는데 그때 저에게 퇴사라는 또 다른 선택지가 생긴 것입니다. 퇴사 생각을 하다 우연히 대학교 동기를 만나서 이런 이야기를 했는데 동기는 결사반대를 했습니다. 며칠 뒤인가, 이런 회사에서 너 같은 스펙의 직원이 없어 보여서 지원해 보면 결과는 좋을 거 같은데 자기는 제가 그 회사 가는 건 여전히 찬성하지 않는다고 하면서 메일을 보내 주었습니다. 또, 이미 다른 회사를 다니던 선배들이 저에게 본인 회사로 오지 않겠느냐고 물어보기도 했었는데, 그냥 싫었습니다. 거기에 가면 또 선배들한테 의지해야 할 거 같았습니다. 차라리 나를 전혀 모르는 곳에 나를 던져보면 어떨까, 그런 생각을 했습니다.

그리고 모 벤처기업 사장님을 만나게 되었습니다. 술자리를 세 번 정도 가졌는데 사장님도 절 면접 보고 저도 '내가 모셔도 될 만한 사람인가' 하는 마음으로 사장님을 면접 본 것입니다. 그 회사도 벤처기업이었는데, 씨디네트웍스에 합류하기 전에 1년 정도 근무했습니다. CFO로 합류했었는데 그때 벤처의 쓴맛을 많이 봤습니다. 그 후에, 씨디네트웍스의 네 번째 임원으로 합류하게 됐습니다. 저보다 먼저 합류한 세 명에 비해 저는 경험도 많았고 벤처기업 바닥이 어떻게 돌아가는지 그전 경험으로 어느 정도는 알고 있었습니다. 세 분은 막 대기업에서 나온 상황이었고, 저는 월급도 못 받는 그런 현실을 경험한 후라 씨디네트웍스를 시작하는 시점이 그렇게 막막하진 않았습니다. 워낙 대담한 성격이었던 건 아니고 경험들이 쌓여 그렇게 된 것이었습니다.

회사를 선택하는 가장 중요한 기준은 '사람'

Q IMF나 IT 버블이 대표님 입장에선 큰 위기는 아니었겠네요?

A 네, 운이 좋았습니다. 1998년도에 저는 대기업 데이콤에 있었고, 일 때문에 스트레스는 받았지만, 월급이 안 나오거나 구조조정 대상이 되지는 않았습니다. IMF나 IT 버블 때, 제 삶의 큰 위기는 없었습니다.

Q 씨디네트웍스에 10년 근무하고 퇴사하신 걸로 알고 있는데요?

A 정확히 3650일 다니고 퇴사했습니다. 의도한 건 아닌데 입사 날짜와 퇴사 날짜가 똑같았습니다. 2011년 3월 30일에 퇴사했습니다. 퇴사할 당시, 부사장이었는데 이미 작년 9월부터 사장님과는 퇴사하기로 이야기가 되어 있었습니다. 그런데 제가 그 회사에 나름 오래 있기도 했고 사업을 진두지휘하는 역할을 하던 사람이라 영향이 클 걸 생각해서 퇴사 날짜를 조율했습니다.

그 당시 CFO에게 전권을 다 넘겨 주고 제가 실질적으로 업무를 마무리 한 건 2010년 11월 말이었습니다. 그러고 나서 가족들과 유럽, 발리, 홋카이도 등을 한 달 동안 자유롭게 여행하는 시간을 가졌습니다. 아마 제 인생에서 나를 위해 가장 많이 돈을 많이 쓴 시기가 그때가 아닐까 싶습니다. 그리고 CJ 계열사 기업에서 임원 자리로 오퍼가 왔습니다. 집에서는 그 자리를 받길 바랐는데 저는 거절했습니다. 그때가 40대 후반이었는데 그런 생각이 들었습니다. 내키지도 않는 회사에 가서 내가 사랑했던 회사와 같은 필드에서 경쟁하고 싶진 않다는 생각 말입니다. 그리고 큰 기업은 아니었지만, 꽤 규모가 있는 기업에서 대표 자리 오퍼도 왔었습니다. 주주들도 저를 면접 봤지만, 저도 반대로 주주들 면접을 봤습니다. 나한테 질문하는 이 사람들은 어떤지 저도 상호 면접을 통해 파악했습니다. 저는 그게 당연한 거라고 생각합니다. 그쪽도 저를 '채용해도 될 만한가' 보겠지만, 저도 '내가 이 사람을 위해 일할 만한가' 하고 보스를 파악하는 것입니다. 저는 제 보스가 능력 없는 건 용납해도 인간성이 부족한 건 용납이 안 됩니다. 그 생각을 20대 후반부터 했습니다. 그리고 이건 자신에 대한 믿음인데, 능력 없는 보스는 제가 커버해 줄 수 있다고 생각했습니다. 그런데 인간성이 모자란 보스는 제가 그렇게 해 줄 수가 없었습니다. 제가 회사를 고르는 데에 있어 가장 중요한 게 '사람'인 거 같습니다.

(스타트기업, 벤처기업의 가장 중요한 시작점은 '팀')

Q 벤처기업을 성장도 시켜 보셨고, 지금은 대표로 회사를 이끌고 계신데, 벤처기업(스타트업)에 대한 대표님의 견해가 궁금해요.

A 제가 씨디네트웍스 초창기 멤버로 한 번 성장했고, 지금은 공교롭게 대표가 되어 근무하고 있습니다. 각 회사의 스토리마다 비슷한 것도 있고 다른 것도 있는데 크게 봤을 때 제가 보는 견해는 결국 하나입니다. 벤처는 사람, 돈 그리고 아이템이 모인 것입니다. 보통 사람들이 벤처를 떠올리면 '아이디어'만 생각하고 그게 전부인 것처럼 말을 합니다. 아이템이 좋으면 무조건 성공할 거라고 착각을 하는 것입니다. 근데 사실 현실적으로 스스로 아무리 기발한 아이디어라고 생각해도 보통 누군가도 하고 있는 생각인 경우가 많습니다. 사람이 생각하는 게 다 거기서 거기니까. 또 '이건 정말 나만 생각했다' 하는 건 보통 안되는 아이템인 경우가 많습니다.

서른에서 서른다섯 살 정도 될 때, 주변에서 친구들이 창업하고 싶은데 좋은 아이템이 없느냐고 많이 물어봤습니다. 그때 강하게 말하진 못했지만, 그때도 친구들에게 그런 말을 해 주고 싶었습니다. 네가 깃발 뽑고 나왔을 때, LG를 퇴사해서 뛰쳐나왔을 때 얼마나 많은 후배가 너를 쫓아갈 거 같으냐고 말입니다. 네가 얼마나 좋은 동료였고 선배였는지 생각해 보라고 말입니다. 아이디어만 좋으면 기라성 같은 후배들이 자신을 따라올 거라고 생각하는데, 사실 그렇지 않습니다. 창업을 시작할 때 가장 중요한 건 아이템보다 사람입니다. 먼저 생각해 봐야 할 건 얼마나 좋은 사람들이 나와 사업을 함께해 줄지를 생각해야 한다는 것입니다. 그리고 현실적인 두 번째 요인은 '돈'입니다. 투자를 받아야 하는데 벤처캐피털에서 투자받는 것도 결코 쉽지 않습니다. 벤처캐피털은 포트폴리오에 투자하는 것입니다. 어떤 스타트업이 제시한 포트폴리오 아이디어가 괜찮다 싶으면 비슷한 아이디어의 다른 팀은 없나 그 사람들도 찾아봅니다. 업력이 오래된 기업들이야 그간의 히스토리를 보면 되지만 막 시작한 기업은 사실 볼 게 없습니다. 그러면 그 사람들이 그때 뭘 보냐, 결국 사람을 봅니다. 그 팀, 팀원들, 팀워크. 우열을 가리는 건 아이템이 아닙니다. 물론 아이템이 좋으면 투자를 잘 받을 수도 있고 반대인 경우도 있고, 사실 이 세 개는 맞물리는 것이긴 합니다. 근데 높은 확률로, 좋은 팀이 모이면 돈과 아이템은 거의 따라갑니다. 그래서 벤처기업에 대해 생각하시는 분들에게 해 주고 싶은 말은, 아이템만 생각하지 말라는 것입니다. 절대 혼자 할 수 없기 때문입니다.

(회사가 나를 면접 보듯이, 나도 회사를 면접 볼 줄 알아야)

ⓐ 신입사원도 뽑으실 텐데, 코로나시대에 취업을 준비하는 '취준생'들에게 조언 부탁드려요.

ⓐ 워런 버핏이 한 이야기와 생각이 똑같습니다. 인사담당자나 대표이사들도 이 사람이 좋은 인재인지 판단할 때 세 가지 기준을 다 똑같이 가지고 있습니다. 이 사람이 지적이냐, 열정적이냐, 도덕적이냐 이렇게 세 가지 잣대로 사람을 판단합니다. 그래서 압박 면접에 토론 면접에,

아무래도 경력직보다는 레코드가 없는 신입사원을 뽑기가 더 어려우니까 채용할 때 그 많은 과정을 거치는 것이기도 합니다.

제가 말해 주고 싶은 건 하나입니다. 회사를 고르는 것은 연애하는 원리와 똑같다는 것입니다. 요즘은 그렇지 않을 텐데 저희 때는 허우대 멀쩡하고 학벌도 좋은 친구들이 '유머러스한 남자'가 인기가 많다고 미팅 나가기 전에 유머집을 찾아보고 그랬습니다. (웃음) 연애도 공부처럼 하는 겁니다. 그런데 그게 결국 자기 본연의 모습이 아니기 때문에 본인의 매력도 표현이 안 되고 오히려 역효과만 나는 것입니다.

그리고 사실 미팅에 나가서 내가 마음에 드는 사람이 나올 확률이 1/10이라면, 여자 쪽에서도 본인이 마음에 드는 사람이 나올 확률이 1/10입니다. 그 둘이 만나려면 확률이 1/100입니다. 둘이 커플이 되려면 100번 미팅을 나가야 하는 건데 99번은 실패하게 되어 있습니다. 그래서 제가 하고 싶은 말은, 열심히 면접 보러 다니고, 미팅에서 본인과 맞는 사람을 만나기 위해 본인의 모습을 보여주는 것처럼, 본인의 솔직한 모습을 보여주라는 것입니다. 인터뷰를 당하기만 하지 말고 인터뷰를 하는 입장으로 면접을 보라는 것도 말해 주고 싶습니다. 당신 인생을 바칠 회사인데 왜 잘 보이려고만 노력만 하느냐는 것입니다. 취업준비생도 적극적으로 이 회사가 괜찮은 회사인지 질문을 하고 확인을 하는 게 맞습니다. '지원자 주제에 질문을 하네?'라고 생각하는 회사는 이쪽에서 거르라는 것입니다. 어차피 그런 회사는 들어가 봐도 고생만 하고 금방 나오게 될 게 뻔합니다.

ⓠ 사회초년생들에게도 조언 부탁드려요.

Ⓐ 사회초년생들은 살날이 훨씬 많이 남았습니다. 주니어 때 경험을 통해 나중에 나이 먹어서 사오십대 때 쓸 콘텐츠를 쌓아야 한다고 생각합니다. 저는 IT분야였지만 그게 섬유든, 유통이든, 전자든 상관없이 자신이 속한 인더스트리의 커리어에서 스토리를 쌓는 시기인 것입니다. 그래서 미래가 있는 사업, 내 삶의 가능성을 올려 주는 경험을 많이 하라고 말해 주고 싶습니다. 그게 어렵든 쉽든 내가 보는 방향과 미래에 맞는 경험과 콘텐츠를 쌓아서 미래 모습의 자양분으로 쓰면 좋겠습니다. 저 같은 경우는, 증권 회사에서 첫 직장생활을 시작했는데 1년 만에 나왔습니다. 어떻게 보면 전 첫 직장 때 실패한 사람이었습니다. 연봉도 많이 주는 증권 회사였는데 옆에 있는 선배들이 존경스러워 보이지가 않았습니다. 그곳에 계속 있으면 저라고 다르겠습니까? 10년, 15년 뒤에 내 모습도 분명히 그럴 텐데 그러고 싶지가 않았습니다. 내가 시작한 곳이 괜찮은 기업인지, 내 미래에 도움이 될지 판단하려면 그 회사의 선배들 모습으로 파악하는 것이 가장 확실하고 정확한 방법이라는 생각이 듭니다. 그 모습을 보고 괜찮으면 계속 있는 거고, 아니다 싶으면 나오는 것입니다.

ⓠ 직장생활에서 행복했던 순간은 언제인가요?

ⓐ 전 직장생활에서의 행복의 정의가 다릅니다. 행복감보다는 성취감이 정확한 표현 같습니다. 이런 걸 보면 전 정말 '조직인'인가 봅니다. 제가 혼자 잘되고 승진하는 것보다 회사가 전체적으로 잘됐을 때 느끼는 보람이 가장 컸습니다. 직장생활을 돌아보면서 행복보다는 성취감을 느낀 순간들이 더 의미 있게 기억됩니다.

ⓠ IMF, 글로벌 경제위기, IT 버블, 코로나 등 그 외에도 대표님 스스로 위기라고 느꼈던 일련의 사건들이 있을 거 같아요. 전체를 '4전'이라고 봤을 때 그 안에 몇 승 몇 패 정도로 보시나요?

ⓐ 저는 한 2~3패 정도 하지 않았나 생각합니다.

ⓠ 대표님만의 루틴이 있나요?

ⓐ 별것 아닌데 저는 중요한 미팅은 항상 오전에 잡습니다. 이건 업무적인 것이고, 개인적으로는 그러려고 한 건 아닌데 회사에서 집으로 퇴근하면 업무에 대한 부분을 거의 잊어버립니다.

아내가 '사업하는 사람이 맞아?'라고 할 정도로 집에 오면 아예 아무 생각을 안 해 버립니다. (웃음) 좋게 말하면 온앤오프가 잘되는 편입니다.

◎ 사회초년생이나 취준생 같은 인생 후배들에게 조언 부탁드려요.

Ⓐ 제 가치관의 첫 번째는 '인간은 죽는다, 나도 죽는다'입니다. 비관적으로 보일 수도 있고 허무주의에 빠질 수 있는 무서운 명제 같기도 합니다. 젊은 사람들에게 할 소리는 아닌 거 같긴 하지만, 저는 서른 살부터 이런 생각을 했습니다. '어차피 죽을 거니까 다 필요 없어!' 이런 느낌이 아니라 결국엔 다 죽기 때문에 인생이 허무하다는 걸 받아들이고, 그렇다면 어떻게 조금이라도 의미 있게 살지, 덜 허무하게 살지 그걸 생각하라는 의미로 그런 생각을 늘 하고 있습니다.

또, 너무 물질적인 것에만 의미를 부여하지 말라고 하고 싶습니다. 저희 아버지 세대는 달랐지만 제 세대부터는 세상이 굶어 죽는 정도로 힘든 시절은 아닙니다. 비싼 소고기를 먹는 것과 컵라면을 끓여 먹는 게 엄청난 차이 같지만, 또 어떻게 보면 그렇지 않을 수도 있습니다. 물질적인 것에만 의미를 두고 그것에만 의미를 부여하면 스스로가 계속 비참하게 됩니다. 백만 원 가졌을 때, 천만 원 가진 사람이 보이고, 천만 원 가졌을 땐 도 일억 원을 가진 사람이 보이는 것입니다. 물질적인 것만 쫓다 보면 상대적으로 계속 비참해지고 불행해진단 말입니다. 라디오에 나온 정신과 교수가 했던 말이 굉장히 인상 깊었는데 그 얘기를 해 주고 싶습니다.

그때 사연이 자신이 왜 이렇게 모자라는지 모르겠다고, 스스로 자존감이 너무 낮다는 것이었습니다. 사연자가 열등감에 빠져 있으니까 정신과 의사가 사회자에게 '열등감의 반대말이 뭔지 아세요?'라고 물었습니다. 국어사전에서는 열등감의 반대말이 우월감이랍니다. 그런데 정신분석학적으로 열 등감과 우월감은 동의어라고 합니다. 그러니까, 내가 누구보다 열등하다고 느낀다는 것은 결국 다른 누구보다는 우월하다고 느끼고 있는 것입니다. 그 말이 인상 깊었습니다. 우월감, 열등감의 반대가 자존감이고 자신감이라고 했습니다. 내가 그 누구보다 못났다고도 생각하지 않지만, 내가 누구보다 잘났다고도 생각하지 않는, 남을 의식하지 않고 나만 생각하는 게 정신분석학적으로 열등감의 반대라는 것입니다. 누군가를 지배하면서 우월감을 느끼는 것도 결국은 어떻게 보면 자신이 다른 누군가보다 열등하다고 생각하는 거랑 똑같은 것인 셈인 것입니다. 우연히 그 라디오를 들으면서 정말 맞는 말이다, 하고 깨달았습니다.

💬 **긴 시간 인터뷰 감사합니다.**

🅐 감사합니다.

열세 번째 잔

카이네트웍스
대표

박신욱

카이네트웍스,
위성 통신 서비스 제공 기업

◎ 카이네트웍스에 대해 소개해 주세요.

④ 카이네트웍스는 2016년 설립되었고, 위성 관련 양방향 통신 서비스를 제공하는 기업입니다. 정부나 군대 관련 고객들을 위주로 사업을 영위하고 있습니다. 대표적인 고객사로는 해경, 해군, 육군, 공군을 들 수 있습니다.

◎ 일반 사람에게 익숙한 분야는 아닌 거 같아요. 군대에서 왜 '위성 통신 서비스'가 필요한지 설명해 주세요.

④ 위성을 이용한 통신 서비스를 사용하는 이유는 크게 두 가지 같습니다. 첫 번째는 현대의 기존 인프라로는 서비스가 닿지 않는 물리적인 문제가 있습니다. 예를 들어 선박이나 비행기 같은 경우엔 통신 케이블을 끌고 다니지 못 하기 때문에 무선을 이용하는데, 그중에서 위성 서비스를 사용하는 겁니다. 일반 무선 솔루션은 모든 영역을 커버할 수가 없기 때문입니다.

두 번째는 기존 통신 인프라가 파괴된다는 전제가 깔립니다. 만약 북한이나 일본, 중국 같은 나라에서 대한민국 영토를 공격한다면 가장 먼저 전기 통신이나 발전소 같은 인프라를 먼저 끊을 게 분명합니다. 그런

곳들이 공격당했을 때 비상 통신망으로 사용할 수 있는 게 바로 위성 통신입니다.

ⓠ IMF 때 대표님의 경험이 궁금해요.

Ⓐ 제가 89학번인데 대학을 졸업하고 중국에서 약 2년 정도를 유학을 하고 돌아왔습니다. 제가 딱 돌아온 시점이 IMF가 터졌을 때였습니다. 그러다 보니 6개월 정도 아예 취업을 할 수가 없어서 많이 암울했습니다. 제 기억으로는 그 당시 약 3년 정도는 공무원을 포함한 정부 기관이나 대기업에서 채용을 아예 안 했습니다. 자르기만 잘랐습니다. 그리고 더 슬펐던 건, 그 기간이 끝나고 나서 취업의 문이 약간 다시 열렸을 때, 나이 제한에 걸려 입사가 어려웠던 경험이 있습니다. 대학을 졸업하고 해외 연수를 다녀와서 나이가 좀 있던 친구들은 취업이 어려웠습니다.

그러다 1998년도에 '상경물산'이라는 기업에 취업을 했습니다. 플라스틱 제품을 생산하는 제조 업체였는데, 그중에 구부러진 빨대에 대한 특허를 70년대부터 가지고 있는 회사였습니다. 지금은 세계 특허 기간 25년이 지나서 아니겠지만, 그 당시엔 꽤 유명하고 돈이 많은 기업이었습니다. 한국에서 기본적인 연수를 거친 후 중국 대련시에 있는 중국법인을 담당하는 한국 관리자로 일했습니다. 35일 정도 기본적인 연수 과정을 거쳐 발령을 받았고 중국에서 2년 정도 근무했습니다.

💬 2년 근무하고 퇴사하신 이유가 있나요? 금전적인 이유였나요?

🅐 개인 사업을 하려고 그만뒀습니다. 객관적으로 봤을 때 주재원생활이 나쁘지 않았습니다. 주거지나 식사 같은 건 회사에서 부담을 해 줬고 한국에서도 돈이 나오고 현지에서도 월급이 나왔기 때문에 저축할 수 있는 환경은 더 좋았습니다. 제일 컸던 건 사업을 해 보고 싶은 '호기심'이었습니다. 그 당시 이십 대 후반이었는데 꿈에 대한 깊은 고민을 했던 것 같지는 않고, 나이가 어린 만큼 실패해도 괜찮다고 생각했던 것 같습니다.

사업 구조를 크게 두 가지로 볼 수 있는데, 국제전화 사업과 NI(Network Integration) 사업이었습니다. NI는 쉽게 설명해 네트워크 공사인데 2000년대 초반에는 네트워크가 지금처럼 좋지 않았습니다. 중국 내에서 그걸 필요로 하는 기업들도 많았는데 중국 기업들에 대한 신뢰성이 좋지 않았기 때문 에 신뢰성 있는 서비스를 제공한다면 중국 업체들과 경쟁이 가능할 거라 판단했습니다. 대련에서 시작해서 한국 기업이 몰려 있는 북경, 상해, 심천, 그리고 나아가 중국 내륙 쪽까지 사업을 확대할 수 있을 것으로 생각했습니다. 그 지역 인구가 천만은 되니까 내륙쪽으로 사업을 확장하면서 동일한 형태의 사업을 키워 가려고 노력했습니다.

두 번째는 국제전화 사업이었는데 이건 법규의 불투명성 때문에 크게 키우지는 못했습니다. 그 당시 국제전화가 굉장히 비싸서 VoIP라고 하는 인터넷을 이용한 전화를 생각했습니다. 기술적으로는 문제가 없었는데 법률적인 부분이 애매했습니다. 명확하게 합법, 불법으로 나뉘어서 규정된 게 없으면 사업을 함부로 확장하기가 어렵기 때문입니다. 예를 들어 인터넷으로 국제전화를 하고 상업적으로 이용하는 건 불법인데 그중에 전용선을 쓰고 여러 전용선을 압축률을 이용해 회선으로 분할시켜 사용하는 건 또 불법이 아니었습니다. 중국 정부의 법이라는 게 고무줄 같은 부분이 있어서 합법, 불법이 불확실하면 다 당국자들의 손에 달리게 되어 있습니다. 사업의 불안전성에 대한 문제가 있어서 이 사업은 크게 키우지는 못했습니다.

ⓠ 3년 동안 사업이 잘되었는데 접고 돌아온 이유가 있나요? 이익 창출이 잘 안 되었나요? 아니면 한국으로 돌아오고 싶으셨나요?

Ⓐ 합쳐진 것 같습니다. 개인적으로 여러 이유가 있었습니다. 한 3년 정도는 회사가 많이 성장했지만 앞서 말했듯이 중국 내에서 사업을 더 확장하고 싶었는데 그러질 못했습니다. 두 번째 지역으로 선택한 '천진'이라는 지역에 지사를 냈습니다. 통신 서비스를 제공하기 위해선 기본적인 인프라에 대한 투자가 들어가는데 투자가 들어간 시점에 SARS(사스)가 터졌습니다. 그때 빚을 안고서라도 투자를 진행했습니다. 왜냐하면, 수익성이 충분할 거라고 믿었고 유지 사업이나 통신솔루션 사업이 잘되어서 고정 수입이 충분하다고 판단했기 때문입니다. 하지만 SARS(사스)

로 인해 대련 지역이 봉쇄에 가까운 수준으로 막혔고 사업도 전처럼 할수가 없었습니다. 지금 코로나와 비슷한 시국이었죠. 주재원부터 개인사업까지, 1996년부터 2004년까지 중국에 있었습니다.

ⓠ 2004년도에 한국으로 들어온 후에는 어떠셨나요?

Ⓐ 한국에 아예 다시 돌아오기까지 우여곡절이 많았습니다. 특히 2002년부터 2004년까지 재기를 위해 많이 노력했습니다. 골프연습장 사업부터 MMORPG 게임 관련해서 중국 에이전트 사업까지, 많은 걸 알아봤지만, 결론적으로 다 쉽진 않았습니다. 첫 번째 사업에서 개인적으로 얻은 빚이 있었습니다. 사업 실패에 대한 책임이 따르는 것이었죠. 충분히 고민하고 연구하는 시간을 가졌어야 했는데 조급한 마음에 새로운 아이템에 대한 숙지를 제대로 못 한 것도 우여곡절의 원인이었다고 봅니다.

그리고 한국으로 돌아와, 카이네트웍스 설립 전에 국제 위성 통신 관련 기업에 입사해 햇수로 약 13년 정도 근무했습니다. 그때를 시작으로 위성 통신 쪽에 발을 들였습니다.

(사업 아이템에 대한 철저한 준비와 도전정신으로
사업에 뛰어들어야)

ⓠ 인상 깊었던 에피소드가 있나요?

ⓐ 중동, 아프리카 같은 흔히 사람들이 여행을 가지 않는 지역에 사업 기회를 개발하러 출장을 많이 다녔습니다. 나라마다 한두 개씩 에피소드가 있는데 사우디에 갔을 때가 생각납니다. 아마 처음 사우디에 방문한 사람으로서 생명의 위협을 느낄 만한 에피소드였죠. 택시기사가 잘 가다가 고속도로 한가운데 차를 세워 놓고 사라지더니 30분이 넘도록 사라져서 돌아오질 않았습니다. 나중에 알고 보니 기도하러 간 거였습니다. 이슬람의 규칙이 다른 모든 규칙보다 우선시되는 나라이다 보니 그런 일들이 비일비재할 텐데, 이슬람 문화에 대한 정통한 지식이 없는 저로서는 저를 납치하려고 준비하는 줄 알았죠. (웃음)

ⓠ 사업을 하고자 하는 후배들에게 조언 부탁드려요.

ⓐ 일단 오해할 수 있는 부분을 먼저 바로잡자면, 국내 위성 사업의 역사는 70년대부터 긴 역사를 가집니다. 다만, 전 회사와 제가 지금 다니는 회사가 나름 개발했다고 하는 건 국내와 해외 간의 위성 통신 서비스입니다. SK나 KT 같은 기간 사업자들이 국내와 해외의 위성서비스를 다 제공했지만, 각 나라에 맞춰 거기에 맞는 서비스를 커스터마이징 하기엔 한계가 있었겠죠. 장비의 통관부터, 현지에서 랜딩하고 다시 밖으로 아웃바운드 통신을 쏴 주는 라이선스, 거기에 따르는 국가마다 다른 법률을 하나하나 맞춰 주는 게 현실적으로는 불가능합니다. 저희는 36개

국에 현지 라이선스를 보유한 파트너사들이 있어 현지 맞춤형 서비스를 제공할 수 있었습니다.

후배들에게 조언해 주고 싶은 말은, 사업 아이템에 대해 철저하게 준비하라는 것입니다. 다른 사람에게 뒤처지지 않는 전문지식과 사업 환경에 대한 철저한 준비를 바탕으로 자기개발을 하라고 말해 주고 싶습니다. 아이템에 대한 충분한 지식과 경험을 쌓는 것이 우선이 되어야 한다는 것입니다.

또, 도전을 겁내면 어떤 일도 벌어지지 않습니다. 과감하게 도전을 해 보라고 말해 주고 싶습니다. 경제적 부가가치를 창출하는 아이템들은 이미 개인이나 기업이 사업을 영위하고 있을 확률이 99.9%입니다. 그러니까, 편하게 남들 하는 걸 따라 해서 돈을 버는 건 어렵다는 것입니다. 새로운 것에 대한 도전과 그것이 성공했을 때 나오는 결과물들이 신규 사업의 매력이 아닌가 생각합니다. 그것을 성공시키기 위해 개인의 노력과 철저한 준비가 필요하다고 다시 한 번 강조합니다.

ⓠ 2008년 글로벌 금융위기에도 계속 성장하셨을 거 같은데 피부로 느껴지는 위기가 있었나요?

Ⓐ 위기가 없진 않았지만, 전 위기에는 항상 기회가 따라온다고 봅니다. 어떤 업종들이 더 뜰지 예상해서 철저하게 신규 사업을 준비해 두면, 다른 업체가 준비되지 않았을 때 사업 기회가 더 크게 열리고, 독점할 수 있는 가능성이 올라갑니다.

@ **코로나시대의 변화, 포스트 코로나시대와 대처 방안에 대해 조언해 주세요.**

A 지금은 코로나로 인해 세계화에 대한 중요성이 많이 떨어지고 있지만, 포스트 코로나시대가 되고 위기가 사라지면 다시 세계화의 흐름이 지속될 것으로 생각합니다.

또 아주 먼 미래는 몰라도 가까운 미래는 예측이 가능합니다. 예를 들어, 양적 완화 정책을 펼치면 인플레이션이 온다는 경제적 상황에 대한 예상처럼 말입니다. 이런 예상을 기반으로 두고 사업 쪽으로 아이디어를 낼 수도 있습니다. 그래서 제가 말하고 싶은 말은, 가까운 미래에 대한 예측을 기반으로 그것부터 차분히 준비하라는 것입니다. 그리고 지금 눈에 보이는 현상을 너무 절대적으로 신봉하거나 쉽게 절망하지 말고, 준비할 수 있는 것들을 찾아서 차분히 준비하다 보면, 결국에는 많은 노하우가 쌓이고 자기만의 영역을 찾을 수 있을 거라고 생각합니다.

(준비된 대답이 아닌 본인의 철학이 드러날 수 있는
수준의 대답 준비할 수 있어야)

@ **면접관으로 자주 들어가실 텐데 면접을 준비하는 취준생들에게 조언 부탁드려요.**

A 언어 능력처럼 지금 본인이 가진 기본 역량이 제일 중요합니다. 그런

건 단기간에 습득이 가능한 게 아니기 때문입니다. 그리고 만약 아직 대학생이라면 대학생활 공부를 충실히 하라고 조언해 주고 싶습니다. 엔지니어로 봤을 때, 대학에서 배우는 정보 통신, 전기 통신, 전파 등등 기본 이론이 지금 당장 쓸모가 있진 않지만, 나중에 살아가면서 중요한 기반이 됩니다.

그리고 너무 대기업 조건에만 맞춰서 준비하기보다 사회 경험을 빨리 쌓으라고 얘기해 주고 싶습니다. 물론 본인이 원하는 대기업에서 원하는 연봉 조건으로 시작할 수 있다면 좋겠지만 그러기가 쉽지 않습니다. 100명 지원 중에 2~3명을 뽑는다고 하면 나머지 97명, 98명은 다른 걸 준비해야 하는 게 현실입니다. 저는 그래서 빨리 사회 경험을 시작하라고 해 주고 싶습니다. 업무의 현장이 아니면 얻을 수 없는 정보들도 많고 현업 경력이라는 게 다른 것과 바꿀 수 없는 중요한 자산이 되기 때문입니다.

면접 방법론적으로는, 형식적인 것에 너무 치우치지도 말되 너무 형식적인 것들을 무시하지도 말라고 해 주고 싶습니다. 어떤 현상에 대해 어떤 시각을 가지는지, 목표는 무엇인지, 이루고 싶은 건 무엇인지 같은 일반적인 질문들이 어떻게 보면 뻔하지만 그런 뻔한 질문에 최소한 본인의 철학이 드러나는 수준의 답변은 할 수 있어야 한다는 것입니다. 옳고 그름을 떠나서 본인의 확실한 신념과 생각을 말하는 것과 준비된 답변을 하는 것이 굉장히 다릅니다. 사회생활을 오래 해 본 사람들 눈에는 다 보입니다. 결론은, 솔직한 태도와 확고한 신념을 가지고 이야기할 수 있는 것이 가장 중요하다고 얘기해 주고 싶습니다.

Q 이제 막 사회생활을 시작한, 2~3년 차 사원 대리급 직장인들에게도 조언 부탁드려요.

A 먼저 본인의 결정에 대한 확신을 해야 합니다. 정말 많은 걸 듣고 보고 생각해야 하기에, 해당 업계에 대한 지식이나 뉴스를 깊게 들여다보길 권합니다. 남들이 다 흘려 듣는 뉴스도 유의 깊게 듣길 추천합니다. 개인적으로 모든 일은 상상력에서 출발하는 건데, 상상력이 공상 과학으로 끝나지 않으려면 현실로 옮길 수 있어야 합니다. 남들보다 더 귀찮고 더 노력해야 하는 게 결국에는 미래를 가지는 지름길인 것입니다.

저는 저희 직원들에게 업무 지시를 받았을 때 이해하지 못한 내용은 하지 말라고 말합니다. 제 말의 속뜻은 업무에 대해 이해하려고 노력하고 일을 하라는 겁니다. 입사 초반엔 어떻게든 배워야 하고, 뭘 해도 야단맞는 게 어쩔 수 없는 현실입니다. 3개월 정도는 무얼 해도 안 되고 막막하지만 6개월 정도 지나면 어느 정도 이해를 하고 1년이 지나면 더 나아가 대략적인 큰 그림이 보입니다. 2년이 되면 분석도 할 수준이 됩니다. 그 과정에서, 동종 업계 선배한테 자문을 구하든 알아서 혼자 공부를 하든, 자기만의 방식으로 아이템과 자기가 쓰는 보고서를 소화하려고 노력하는 게 중요하다는 말입니다. 자기가 하는 업무에 대해 정확하게 이해하기 시작한다면, 그건 분명 이해 못 한 사람들보다 훨씬 많은 기회를 누릴 수 있는 뿌리가 될 것입니다.

《 집단의 성취, 다 같이 이뤄낸 성과가
개인의 성공보다 더 의미 있어 》

ⓠ 일하시면서 행복했던 경험이나 순간이 있나요?

ⓐ 개인적으로 '집단의 성취'가 가장 행복했던 거 같습니다. 물론 한 사람의 꿈이 성취되는 순간도 기뻤지만 하나의 목표를 위해 공동으로 노력해서 성취를 했을 때가 가장 행복했던 거 같습니다. 2~3년 전에 2020년 회사 매출액 50억 돌파를 목표로 잡았는데 작년에 그 목표를 성취했습니다. 절대적인 수치보다도 그 목표를 위해 함께 노력했던 과정과 결과적으로 이뤄낸 성취가 의미 있는 것입니다. 이런 과정들을 겪으면서 그다음 목표를 또 설정하고, 대표로서 저는 그 목표가 제 삶의 중요한 부분을 차지하게 되는 겁니다. 팀원들과 다음 꿈, 다음 목표를 연속적으로 상상할 수 있기 때문입니다. 함께 노력해서 뭔가를 이룬다는 게 참 매력적입니다.

ⓠ IMF, 글로벌 금융위기, IT 버블, 그리고 코로나시대까지 대한민국 경제에 영향을 준 큰 4가지 사건들이 있는데 대표님이 개인적으로 생각하는 본인의 스코어는 몇인가요?

ⓐ 현재 상황은 아직 결과가 나오지 않아서 무승부로 치고, 4전 1무 3패로 하겠습니다. 기존에 근무했던 회사는 회사 자체로 봤을 때는 굉장히 성공적이었고 업계에서 전설로 불릴 정도였지만, 제 개인적으로는 성공으로 보기는 어렵다고 생각합니다. 사회적 성취의 영역으로만 생각한다면, 2전 1승 1패 정도가 아닐까 싶습니다. 그렇지만, 제 개인적인 생각

으로는 마지막 승리가 가장 중요하지 않을까 싶습니다.

ⓠ 사회생활을 하면서 나만의 꿀팁이나 노하우가 있나요?

Ⓐ 직원들에게 항상 해 주는 이야기인데, 모든 걸 잘하려고 하지 말고 본인이 잘하는 것에 집중하라고 해 주고 싶습니다. 그게 저의 꿀팁입니다. 단점을 커버하려고 노력할 시간에 장점을 극대화하라고 해 주고 싶습니다.

또, 사회에서 살아남기 위해선 본인만의 확실한 무기를 가질 필요가 있습니다. 얼마의 시간이 걸리든 본인만의 무기를 갖추기 위해서는 충분한 노력을 해야 합니다. 최고일 필요는 없지만, 기본은 되어야 합니다. 어떤 업무를 하든 잘하기 위한 출발점은 존재하는데, 본인만의 무기 없이는 그 출발점에 서기도 쉽지가 않기 때문입니다.

ⓠ 긴 시간 인터뷰 감사합니다.

Ⓐ 감사합니다.

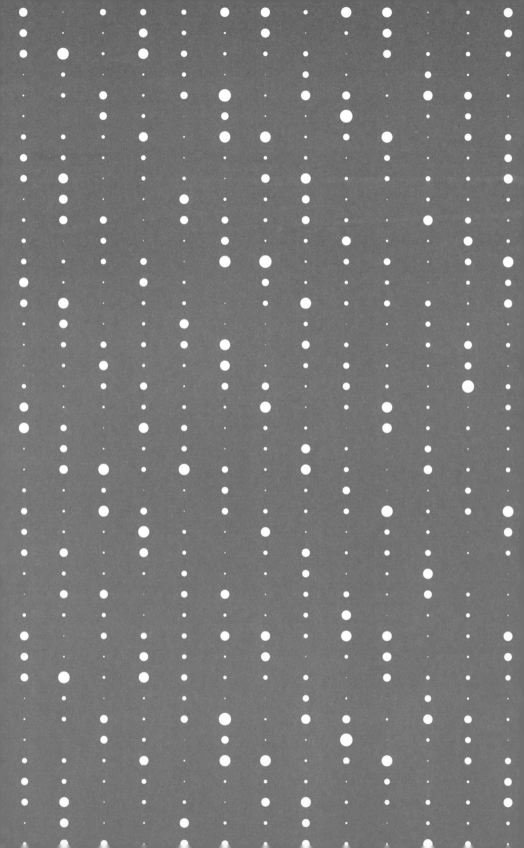

열네 번째 잔

세종텔레콤 부장

장우창

ⓠ 안녕하세요, 부장님. 자기소개 부탁드립니다.

ⓐ 안녕하세요, 저는 세종텔레콤 글로벌 영업팀에 근무하고 있는 장우창입니다. 저는 국제 사업자들에게 네트워크를 제공하는 사업의 영업과 마케팅 그리고 세종텔레콤 내의 국제 네트워크, 해저 케이블, 국내 로컬밴드, 국제 IX 등의 사업을 담당하고 있습니다. 세종텔레콤의 전신인 온세텔레콤(구 온세통신) 시절부터 근무하여 현재 22년 차로 일하고 있습니다.

세종텔레콤은 코스닥에 상장된 기업으로 상장 전에는 온세텔레콤이었지만 세종텔레콤과 합병으로 세종텔레콤으로 개명되어 통신 업계의 명맥을 유지하고 있는 기업입니다.

온세텔레콤은 1997년도에 국제전화 008 사업을 시작으로 만들어진 회사이고, 그 당시 기업의 대주주들은 현대전자, 롯데 등 통신 사업에 진출하려는 대기업들이었습니다. 법정 관리 등의 어려움을 겪다 세종텔레콤으로 합병된 지는 4~5년 정도 되었습니다.

ⓠ 22년 동안 회사생활을 하셨어요. 부장님의 롤모델이 있으신가요?

ⓐ 현재 롤모델은 세종텔레콤 글로벌 사업팀을 이끌고 있는 임영호 이

사님입니다. 저와 함께 국제 영업을 하고 있으신데, 인적 네트워크, 그러니까 특유의 친화력을 발휘해 성공적인 영업을 이끌어 내시는 부분이 본받을 점이 많습니다. 저에겐 부족한 부분을 갖고 있으셔서 롤모델로 잡고 있습니다. (웃음)

글로벌 영업에서 기업 간의 업무는 좋게 말하면 합리적이고, 안 좋게 말하자면 너무 계약서 그대로만 따지는 부분이 있습니다. 그런 분위기 속에서 이사님은 인적 네트워크를 바탕으로 한 휴먼리소스 영업의 힘을 보여 주고 있으십니다.

그 외에는 제가 통신 업계에 발 담그기 시작한 신입사원 시절 모셨던 지사장님을 들 수 있습니다. '천리안'을 만드신 '데이콤' 출신의 그중에서도 엔지니어 경력의 지사장님이었는데 영업으로 온세통신에 입사하여 지사장, 사업팀장, 본부장까지 올라가신 분입니다. 지금은 환갑이 넘으셨는데도 여전히 통신 쪽에서 독립적으로 일하고 있고 꾸준히 후배들과 소통하며 지내고 계십니다. 배울 부분이 많은 존경스러운 분이죠.

(이해하기 쉽고 소통할 수 있는
실전용 영어 소통 능력이 취업의 비결)

ⓠ IMF 때 부장님의 상황과 경험에 대해 얘기해 주세요.

ⓐ IMF가 제가 대학교 4학년 복학하기 직전에 터졌습니다. 저는 90학번이었는데 대학교 2학년을 마치고 군대를 다녀오고 나서 영국으로 이

민을 가려고 준비를 했습니다. 3학년을 마치고 이 상태로는 할 수 있는 게 없을 것 같다는 생각이 들어 인생의 전환점을 만들고자 영국으로 어학연수를 떠났습니다. 어학연수를 가장해 한국 탈출에 나선 것입니다. (웃음) 개인적인 사정으로 다시 한국으로 돌아와 학교 복학을 준비하던 중에 IMF가 터졌고, 그 당시엔 보통 4학년 때쯤 취업을 준비하고 진로를 결정하는데 그런 선택지가 아예 없어졌습니다. 물론 일자리가 아예 없지는 않았지만 커리어를 쌓을 수 있는 일자리가 아니었습니다. 추천서도 받을 수 없었고 학교에 붙은 채용 공고는 보험 회사나 일회용으로 쓰고 버려지는 종류의 취직자리밖에 없었습니다. 저는 그때 초등학교에서 영어 보조교사로 9개월 정도 일을 하면서 취업을 반쯤 포기하고 있었는데 우연한 기회로 온세텔레콤(구 온세통신)에 취업을 성공하게 되었습니다.

온세텔레콤이 통신 사업자 중에서도 연봉도 제일 높았기 때문에 경쟁률이 상당했습니다. 그런데 당시에는 언어에 소양이 있는 친구들이 별로 없었습니다. 입사 후 인사팀 채용 담당자들이 해 줬던 말이 기억납니다. 출신 학교를 별도로 볼 때 거의 모든 스펙이 경쟁자들과 크게 다를 게 없었다고 했습니다. 심지어 학교는 저보다 좋은 곳을 졸업한 사람들도 많았다고 합니다. 그런데도 제가 채용될 수 있었던 이유는 영국 어학연수 경험의 백그라운드가 있어 실무적인 외국어가 가능했기 때문이라고 했습니다. 이력서 보여주기용 영어 점수가 아니라 업무적인 부분과 실전에서 가능한 영어를 구사할 수 있었던 게 저의 합격 비결이라고 생각합니다. 저는 영국에서 어학연수를 할 때 이민을 생각했기 때문에 '나는 여기서 살 사람이다'라고 생각하고 영어를 공부했습니다. 오죽하면 도서관에 도서관 카드를 만들러 가서도 카드 약관을 처음부터 끝까지 다 읽어 봤겠습니까. (웃음) 그거 다 읽어 본 사람은 저밖에 없을 겁니다. 지금처럼 영어를 공부할 수 있는 콘텐츠가 다양하지 않기도 했고 당시에 제가 그만큼 간절했다는 방증이기도 하죠. 그리고 어렸을 때부터 계약사항이나 약관을 잘 읽어 보지 않으면 나중에 문제가 될 수 있다고 생각해서 항상 열심히 숙지하려고 노력했던 것도 있습니다.

글로벌 영업팀에 근무하면 보통 네이티브처럼 영어를 잘한다고 생각합니다. 당연히 그런 직원들도 있습니다. 하지만 사회초년생들에게 업무상 영어에 대한 조언을 하자면, 너무 고급 영어를 쓰려고 노력하지 않아도 된다는 것입니다. 실제 영어를 모국어로 쓰는 네이티브와 일하는 건 10번에 3~4번밖에 되지 않기 때문입니다. 외국어로서의 영어를 쓰는 사람들끼리 영어로 소통하는 경우가 대부분인데 서로 이해할 수 없는 고급 영어를 써서 미스커뮤니케이션(Miscommunication)할 필요는 없습니다. 쉽고 정확하고, 상대방이 직관적으로 이해하고 알아들을 수 있는 영어를 하는 것이 더 중요합니다. 그래서 저도 웬만하면 쉬운 영어로 이해할 수 있게, 정확한 문법과 단순한 영어 표현을 쓰려고 지금까지도 노력하고 있습니다.

(뛰어난 영업력으로 업계의 지각변동을 일으킨 온세텔레콤)

ⓠ 그러면 IMF 때가 오히려 좋은 기회가 된 건가요?

ⓐ 그렇지는 않습니다. 99년도에 온세텔레콤에 입사할 수 있었고, 연봉도 동종 업계에서 높은 편이었지만 제 개인적인 수입과는 별개로 당시 많은 사람처럼 가족 전체의 경제 사정에 타격을 받았기 때문에 마냥 좋았다고만은 할 수 없습니다. 당시에 국제전화시장이 호황기여서 수익률은 좋았지만, 시외전화 사업을 시작하고, '신비로'라는 인터넷 포털을 합병하여 초고속 인터넷 사업으로 확장하면서 회사의 어려움도 시작이 되었습니다. 호기롭게 런칭한 사업이 생각보다 잘되지 않았습니다.

안타까웠죠. 제가 입사하고 영업에 몸담았는데 회사가 정말 대단했었습니다. 물리적 네트워크(회선 자가망)가 전무하다시피 했는데도 능력 있는 영업과 마케팅 직원들의 힘으로 '이게 영업력이구나!'를 온세텔레콤에서는 피부로 직접 느낄 수 있었습니다. 온세텔레콤에서 영업을 했으면 어디를 가도 인정받을 수 있을 만큼 위상이 높았습니다. 그때 전국 어디에서도 국제전화, 시내전화, 시외전화 다 KT가 시장점유율 1위였습니다. KT가 1위라는 건 불변의 진리였습니다. 그 전무후무 하던 역사를 바꾼 게 온세텔레콤이었습니다. KT가 이천 지역에서 딱 한 번 국제전화 점유율이 2위로 내려앉은 적이 있었습니다. 그때 KT 전화국장이 우리팀 팀장님을 불러서 '살살합시다'라고 했다고 합니다. 제가 직접 한 건 아니었지만 그 얘기를 듣고 굉장히 뿌듯했습니다.

ⓠ 2000년 IT 버블 때는 어떠셨나요?

ⓐ 그때도 온세통신에 계속 근무하고 있었습니다. 오히려 트래픽이 늘어서 시장 상황이 호황에 가까웠죠. 2000년도 IT 버블 때는 회사든, 개인적으로든 큰 어려움을 겪진 않았습니다.

(합병 과정 속 다양한 업무 경험이
커리어 발전의 밑거름이 되다)

ⓠ 2008년에서 2009년까지 국제 금융위기 때는 어땠나요?

ⓐ 개인적인 느낌으로 크게 달라진 건 없었습니다. 개인적으로는 IMF 때 한 방 맞은 영향이 계속 가는 시기였습니다. 회사는 법정 관리를 겪고 최대주주가 남광토건으로 대한전선으로 이리저리 바뀌기도 하는 등 경영 위기가 지속되고 있었습니다. 저희뿐만 아니라 당시 모든 회사가 오너십이 흔들리는 위태롭고 어려운 시기였습니다. 많은 회사가 온세텔레콤을 주물럭거리는, 내부적으로도 불안한 분위기가 지속되는 상황에서 많은 핵심 인력들이 빠져나갔습니다. 우스갯소리로 주변 통신 사업자에 온세텔레콤 출신 직원이 없는 회사가 없다고 할 정도였습니다.

ⓠ **국제 금융위기 당시면 경력도 꽤 쌓이셨을 거고 다른 회사에서 제안도 많았을 거 같은데 이직 생각은 없었나요?**

ⓐ 저도 이직 제안을 몇 번 받았지만, 온세텔레콤을 등지고 나갈 수가 없었습니다. 제가 빠져나가면 제가 속해 있는 팀의 입지가 위태로워질 수 있는, 그 당시에 대체불가 인력이었던 이유도 있습니다. (웃음) 사실 그 당시에 많은 인원이 빠지면서 업무에 대해 깊이 알고 대응할 수 있는 사람이 많지 않았습니다. 제가 온갖 통신 사업팀을 다니면서 영화 홍반장처럼 업무 구멍이 나지 않게 대응했습니다. 대신 한 가지 사업분야를 지속적으로 깊은 업무까지 섭렵할 수 있는 환경은 될 수 없었지만, 그때의 경험 덕분에 통신 쪽 사업이나 업무에서 안 해 본 게 없는 거 같습니다. 커리어적으로 보면 저에겐 긍정적인 경험이지 않았나 생각합니다.

ⓠ **코로나19로 인한 사회적 변화가 부장님의 삶에 어떤 영향을 끼쳤는지 궁금해요.**

ⓐ 월급 받는 일반 직장인으로서의 삶은 크게 다르지 않았습니다. 순환으로 재택근무도 하고 직원의 건강을 위해 회사에서 나눠 주는 마스크도 받고 그렇게 생활했습니다. 코로나로 실물경제, 서비스, Face to Face로 거래가 이뤄지는 산업이 큰 타격을 입었죠. 그에 비해, 통신같이 삶에 필수적인 요소로 분류되는 산업들은 사실 업계가 위태로울 정도의 큰 위기를 겪지는 않았습니다. 통신 업계로만 한정한다고 하면 심각한

위기는 아니었고, 오히려 위기보다는 기회의 요인이 많았습니다. 재택근무가 시행되면서 업무를 하는 공간이 사무실에서 집으로 이동되었고, 영화관에 갈 수 없는 상황에서 넷플릭스 같은 OTT 서비스의 이용량도 증가했습니다. 그런 흐름에 발맞춰 통신 사업자들이 투자비를 늘려 물리적인 네트워크나 트래픽도 확장 시켰고, 오히려 매출이 증가하기도 했습니다. 특히, 그중 가장 핫한 서비스로 클라우드(CLOUD) 확장을 들 수 있습니다. 기업뿐만 아니라 일반인들의 클라우드 서비스 사용도 기하급수적으로 늘어나고 있습니다. 클라우드 서비스를 떠받들고 있는 IDC나 데이터센터들도, 또 그에 제반 되는 장비 업계도 덩달아 호황을 누리고 있습니다. 죽어 있던 IDC 업계가 살아나면서 많은 기업이 IDC 산업에 다시 발을 들이고 있는 상황입니다. 인터넷 서플라이어, 국제전화시장, 그리고 초고속 가정용 인터넷시장이 그러했듯이 추후에는 IDC 업체들 도 사업 영역을 크게 차지하는 소수의 기업이 상위권을 유지하게 될 것 같습니다. 6~7개였던 이동 통신 사업자가 LG U+, KT, SKT로 정리된 것처럼 말입니다.

(구체적인 목표를 잡아 세부 계획을 세우고,
열정을 보여 줄 수 있는 것이 중요)

🅐 네, 그렇다고 볼 수 있습니다. 지금부터 향후 5년까지는 IDC나 클라우드 산업 쪽에서 채용이 늘어날 것으로 생각합니다. 실제로 제 주변에 해당 산업군에 속하는 기업에서 경력이 많은 사람뿐 아니라 주니어급으로 추천을 요청하는 경우도 있습니다.

글로벌하게 업무를 하는 경우가 많기 때문에 기본적으로 의사소통이 가능한 수준의 영어는 필수라고 볼 수 있습니다. 거기에 중국어를 할 수 있다면 더 좋겠죠. 그렇다고 영어를 네이티브 수준으로 하라는 말은 아닙니다. 상대방의 의견을 듣고 이해할 수 있고 내 의견을 정확하게 전달할 수 있는 정도면 충분합니다. 영어로 된 휴대전화 약관을 처음부터 끝까지 읽어 보고 이해할 수 있는 정도라면 영어 독해는 충분하다고 생각합니다. (웃음) 그리고 모르는 것을 인정하고 배우려는 태도도 중요하다고 생각합니다. 요즘 신입사원들이 워낙 스펙이 좋고 바늘구멍을 뚫고 회사에 입사했다는 스스로에 대한 자부심이 대단한 거 같습니다. 그래서 그런지 '내가 모른다'는 것을 인정하기 힘 들어 하는 친구들이 종종 있습니다. 내가 모른다는 것을 약점으로 생각하는지, 모른다는 것을 내보이는 것을 마이너스라고 생각하는 것 같습니다. 그런데 사실 취업을 준비하면서 배운 것, 학교에서 배운 건 회사에서 당장 실무에 적용하는 데는 어려운 부분이 많습니다. 그러므로 신입사원으로서 배우고 익히려는 태도가 제일 중요하다는 겁니다. 신입사원이 모르는 것을 아는체하면 업무를 배울 수 있는 기간에 배워야 할 것들을 못 배웁니다. 그런 사람들은 정말 기초적인 일을 몰라서 후배들에게 물어봐야 하는 일이 생깁니다.

 취업을 준비 중이라면 명확한 목표를 잡고 구체적인 계획을 세우라고 조언해 주고 싶습니다. 내가 어떤 기업에 입사하고 싶은지 정하고, 또 그 기업에서 내가 하고 싶은 직무를 구체적으로 정하는 것입니다. 그리고 그다음부터는 구체적인 실행 계획을 세웁니다. 지금 이 회사에 어떤 사람이 필요한지, 그 분야 채용을 하긴 하는지, 그 직무를 수행하는 데에 어떤 능력이 가장 우선시되는지, 오래 고민하다 보면 저절로 계획이 세워집니다. 직무적으로 많이 연관성이 없는 백그라운드를 가졌다면 열정을 갖고 그때부터 관련 경험을 쌓아야 합니다. 그런 경험이 직접적인 '경력'이 되기도 하지만 회사에서는 그 사람의 열정을 가늠하는 데에 쓰이기도 합니다. 만약에 세종텔레콤에서 전혀 통신 업계와는 연관이 없는 공부를 한 학생을 면접 본다고 생각해 봅시다. 그 학생이 통신 업계에서 일하고 싶어 선로를 설치하는 일을 아르바이트로 하면서 업계에 대한 지식을 쌓으려고 노력했다고 하면 면접관들이 그 열정에 감탄하는 것입니다. 회사는 조금이라도 적은 시간을 투자해 교육을 하고 빨리 업무에 투입 가능한 인재를 원합니다. 통신 쪽 엔지니어로 일할 수 있는, 즉 실무에 투입이 가능한 전문지식을 가진 학생도 필요하고, 국제 사업을 위해 언어 능력이 있는 친구들도 당연히 필요하지만, 저렇게 자신의 열정을 어필하는 친구들도 굉장히 선호합니다. 저런 열정이 있는 친구들이라면 교육 기간에 빠르게 업무를 습득하고 열심히 업무를 할 거라는 믿음을 줄 수 있습니다. 구체적인 목표를 가지고 본인이 할 수 있는 실행 계획을 세우면서 차근차근 취업을 준비하면 원하는 분야에 취업할 수 있다고 응원해 주고 싶습니다.

(22년의 사회생활을 이어 나갈 수 있게 해 준 원동력은)
'성취감'

ⓠ 그러면, 부장님은 많은 경제위기를 겪으며 4전 중 몇 승 몇 패라고 보시나요?

Ⓐ 전체적으로 봤을 때 '패'라고 할 수 있는 큰 부분은 없습니다. IMF로 인해 조금 힘들어지긴 했지만, 통신 업계에 운 좋게 취직해서 지금까지도 같은 업계에서 일하고 있으니 '승'으로 볼 수 있을 것 같습니다. 글로벌 금융위기 때나 IT 버블 때도 '부전승'이라고 할 수 있습니다. 물론 제가 몸담고 있던 회사는 어려워졌지만 어쨌든 그 안에서 살아남았으니까 '회사원으로서' 승이라고 봅니다. 코로나도 비슷합니다. 제가 잘했다기보다는 사회 자체가 통신 업계가 발전할 수밖에 없는 방향으로 흐르고 있어 세종텔레콤이나 그 안에 개인인 저도 모두 '승'할 수 있었습니다. 회사가 '어떤 사업을 할 것인가'가 중요한 것처럼 개인적으로도 지속적으로 발전하는 업계를 찾아 일을 하는 것이 중요합니다.

Ⓐ 가장 행복했던 때는 처음 입사했을 때가 아닌가 싶습니다. 입사 통보를 받아 회사원이 되고 사원증을 목에 걸고 출근한 몇 달이 가장 행복했죠. 지금은 직급을 없애는 추세이지만 제 시절에는 사원, 대리, 과장, 부장, 이사 순으로 진급을 하는 것이 회사 안에서 큰 이벤트이기도 했고, 진급한 사람들이 '승진턱'을 크게 내는 것도 즐거운 관례였습니다. 당연히 진급하면 행복하죠.

그렇지만 무엇보다 회사생활을 이어 나갈 수 있게 해 준 원동력은 성취감이라고 생각합니다. 내가 오랫동안 추진해 온 프로젝트나 일이 이뤄지고 좋은 결과를 냈을 때 느끼는 성취감 말입니다. 그런 성취에 부수적으로 따라오는 게 승진과 커리어인 셈입니다. 성취감을 느낄 수 있던 순간들이 다 행복이었습니다.

ⓠ **긴 시간 인터뷰 응해 주셔서 감사합니다.**

Ⓐ 감사합니다.

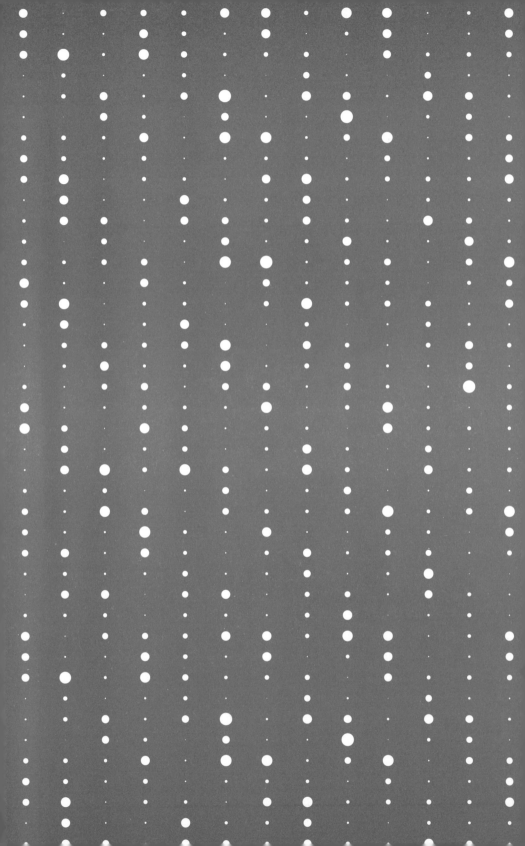

열다섯 번째 잔

다올ICT
대표

전중인

ⓠ 안녕하세요, 대표님. 자기소개 부탁드립니다.

Ⓐ 안녕하세요, 저는 다올ICT 대표 전중인입니다.

ⓠ 다올ICT 기업과 직접 사업을 운영하기까지 대표님의 커리어 히스토리가 궁금해요.

Ⓐ 데이콤, 하나로텔레콤에서 SK텔레콤까지 20년 정도를 대기업에서 근무했고 그 후 2010년 11월부터 외국계 회사에서 4년 동안 일을 했습니다. 이어서 바로 제 사업을 시작해 지금 6년 차에 접어들었습니다. 대기업에서 26년을 근무했고 사회생활은 32년 차입니다.

통신 사업분야에서 일한 경험에 짧은 기간 동안 근무한 외국계 경험치가 더해진 셈입니다. 계속해서 통신 사업분야에 근무하며 틀에 갇혀있지 않으려고 노력했습니다. 라이선스 사업이었기 때문에 공무원처럼 정체되는 느낌을 받았고, 그래서 사업을 시작할 때 그 부분을 돌파하고자 사업적으로 확장할 수 있는 포인트를 찾았습니다. 사업의 주 모델은 CT(Communication Technology)가 원하는 IT를 찾아서 발급해 주고 엔드유저(End User)의 피드백을 받아 ICT 솔루션을 제공하면서 함께 성장하는 것입니다. 다시 말해, CT에 새로운 밸류(Value)를 애드업(Add-Up)해서 솔루션을 만들어 나가는 과정이라고 할 수 있습니다.

큰 부분은 그렇고 조금 더 구체적으로 들어가면 언택트 사업, 예를 들어 스마트 회의실 솔루션, 스마트 강의 솔루션 등을 이야기할 수 있습니다. 전체적인 사업분야가 크지는 않지만, 저희 회사에서 큰 부분을 차지하고 있는 스마트 회의 솔루션이 반응이 굉장히 좋습니다. 그래서 이 사업을 특화해서 국내 1등, 글로벌 1등이 되려고 하고 있습니다. 그리고 최근에 저희가 인텔의 글로벌 MSP 파트너 글로벌 공식 파트너 1호가 된 것을 자랑하고 싶습니다. 인텔은 유틸리티(Utility) 회사이기 때문에 완제품을 제공하는 회사는 아닙니다. 본인들의 CPU를 많이 팔기 위해 다양한 포트폴리오를 오픈해 놨고, 그것을 인테그레이션(Integration)해서 밸류(Value)를 찾는 것은 파트너사의 몫인 것입니다. 이런 식으로 파트너십(Partnership)을 구축해 결과적으로 엔드유저에게 완제품을 많이 판매하는 것이 인텔의 주목표인 것입니다. 그 파트너로 저희가 글로벌 공식 파트너 1호가 되었고, 점차 파트너십을 맺는 회사가 늘어나겠지만 '1호'라는 타이틀에 큰 의미가 있다고 생각해 뿌듯했습니다.

대부분의 직장생활을 통신분야에서 했고, 살아온 궤적이 그렇다 보니 앞으로 남은 인생은 제가 살아온 궤적의 연장선상에서 재미를 추구하자는 목표로 사업을 시작하게 되었습니다.

@ 긴 시간 사회생활을 하면서 대표님이 롤모델로 삼은 사람이 있었
나요?

Ⓐ 있다고 하기도 그렇고 없다고 하기도 그렇습니다. 딱 한 사람을 지정
해서 롤모델로 삼은 적은 없습니다. 워낙 나 잘난 맛에 살아서 그런지.
(웃음)

> 상대적으로 경제위기의 타격을 덜 받을 수 있었던
> 통신 라이선스 사업

@ 한국 경제에 위기가 된 큰 사건들에 대해 시간 순서대로 대표님
의 경험을 들어 보겠습니다. 1998년 IMF 경제위기를 대표님은
어떻게 극복하셨나요?

Ⓐ 그 당시 저는 30대 중반이었고, 대기업인 데이콤에서 편하게 직장
생활을 하던 때라 사실 IMF를 크게 실감하진 못했습니다. 통신사 라이
선스 사업이란 것이 공무원 일처럼 크게 타격을 입는 분야가 아니었기
때문에 바깥 상황에 비해 상대적으로 타격이 크지는 않았습니다. 급여
의 안전성도 보장 되어 있었습니다. 벤처 투자나 장외 투자가 많았고,
부동산도 가치가 상당히 떨어져 있던 시기여서 안정적으로 캐시를 보
유한 사람들에게는 오히려 기회의 시기였던 거 같습니다. 저에게도 그
랬습니다.

💬 그렇다면 2000년 IT 버블 때는 어땠나요? IT 버블도 기회의 시기였는지 궁금합니다.

🅐 2000년 IT 버블 때 저는 하나로통신에서 근무하고 있었습니다. 그때는 개인보다는 회사의 위기가 있었습니다. 당시 금 모으기 운동 같은 국민적인 노력으로 외환위기도 어느 정도 극복한 시기였습니다. 회사가 추구했던 분야가 인터넷 인프라를 제공하는 기관 사업자 역할이었는데 이 분야 확장을 위해 엄청난 투자가 필요했습니다. 그래서 회사에서 거의 모든 투자 금액을 퍼부었습니다. 그 당시 회사 자본이 8천억 원 정도 되었는데 2년간 2조 원 가깝게 투자했습니다. 그런데 사실 통신 사업의 특성상 인프라 투자 대비 바로 매출이 눈에 보이는 게 아니라 상당한 시간이 지나서 이익이 형성됩니다. 바로 매출이 보이지 않는 상황에서, 과한 투자 때문에 2002년부터 회사에 엄청난 위기가 왔습니다.

그 이후 보편적으로는 인터넷이 발달하면서 세상의 패러다임 자체가 완전히 바뀌게 되었습니다. 인터넷은 전 세계를 하나로 연결해 주고 아이디어만 있다면 세계적으로 성공할 수 있는 배경이 되었습니다. 물론 동전의 양면처럼 좋은 점이 있으면 나쁜 점도 있기 마련이라, 해킹 문제 같은 부분에서는 한 곳에서 터지면 전체적으로 퍼질 수밖에 없는 취약한 구조를 갖게 되기도 했습니다. 물론 자본주의 사회에선 인터넷의 발달이 모든 산업의 성장을 이끈 긍정적인 원동력으로 작용했다고 생각합니다.

ⓠ 2008년 글로벌 금융위기로 넘어가 보겠습니다. 위기는 없었나요? 그때 대표님의 커리어의 정점을 찍은 것으로 알고 있는데 어떤 상황이었는지가 궁금합니다.

ⓐ 글로벌 금융위기 때 많은 기업이 타격을 받았지만 라이선스 사업자는 사실 다른 입장이었습니다. 전쟁이 나도 인프라를 유지를 해야 하는 분야의 종사자였기 때문에 솔직히 말해 이번에도 큰 영향은 없었습니다.

그때가 SK텔레콤에서 최연소로 임원이 되었을 때였습니다. 그 당시 SK는 수직적인 분위기의 문화가 지배적이었는데, 저는 외국계인 데이콤에서 수평적인 업무 구조를 배워 왔고 언제든지 자신의 의견을 낼 수 있는 수평적인 분위기를 선호했습니다. 기존의 분위기와 다르게, 수평적으로 협력하는 분위기가 베이스가 되는 업무 접근 방식이 긍정적으로 어필된 덕분이 아닐까 싶습니다.

ⓠ 기업 영업 실장님에서 본부장님이 되고 이어서 임원까지 되신 것으로 알고 있어요. 업무 방식도 방식이지만 눈으로 보여주는 숫자가 있기 때문이지 않았을까 싶은데요.

ⓐ 그렇죠. 그런 성과가 베이스가 되었습니다. 외국계 기업에서는 숫자

로 모든 것을 말했기 때문입니다. 3~4년 이상 본부장으로 근무하면서 매년 30% 정도의 성장률을 기록했습니다. 그 후 SK텔레콤으로 인수된 지 1년도 안 됐을 때, 제가 사업 본부장으로 일하면서 1년에 가능한 성장률이 15%밖에 안 된다고 했다가 미운털이 박혀서 밀려난 적이 있습니다. 그래서 그 당시에 특수 영업 실장이라고 이상한 보직을 하나 받고 그 전에 비해 삼 분의 일도 아니고 사 분의 일, 오 분의 일 정도 되는 조직으로 오퍼레이션 하게 되었습니다.

처음에 SK텔레콤으로 인수되어 일을 할 때, 갑자기 수평적인 구조로 업무를 하려고 하니까 그 부분도 좋게 보이진 않았을 텐데 매년 30%씩 성장하다가 합병되고 나서는 15%밖에 안 된다고 했으니까 그것도 회사 입장에선 충분히 언짢을 수 있다고 생각합니다. 그때 저는 분명히 말했습니다. "질이 좋지 않은 매출을 정리하고 가지 않으면 지속적인 성장은 불가능하다", "SK텔레콤으로 인수되어서가 아니라 작년부터 이 정도의 매출 성장을 계획하고 있었다" 하는 의견을 강력하게 어필했습니다.

그런데 재미있는 건, 조그마한 조직으로 일했는데 그 이후에 더 주목을 받고 인정을 받게 된 것입니다. 그때 담당한 것이 SK 그룹사 내의 회선 영업이었습니다. 업무를 맡고 한 달 뒤에 SK텔레콤 임원들도 다 있는 자리에서 사장님에게 보고를 하는데 우리 팀원이 작업을 잘해 줘서 그런지 저는 보고한 것밖에 없는데 사장님이 우리 팀을 굉장히 좋게 봐주셨습니다. 다른 임원들도 몰랐던 부분을 이해하고, 그전엔 없던 시각으로 분석해서 보고를 하니까 오히려 다른 임원들에게 "어떻게 전혀 상관없는 업무를 하던 사람들보다도 못하냐"고 하면서 상황이 역전되었습니다. 그때 사장님의 반응도 있었지만 가장 크게 인정받을 수밖에 없던 것은 2008년 말에 실적이 딱 제가 예상했던 대로 15% 성장으로 나온 것이었습니다. 그런 부분들을 아울러서 저를 좋게 보고 임원으로 승진을 시켜 준 게 아닌가 싶습니다. 인수한 기업 문화를 이해하고 순응하는 사람을 추구할 수밖에 없는 과도기적인 상황에서, 이전과는 전혀 반대되는 방식으로 성과를 보여서 인정받은 것이라고 생각합니다.

ⓠ 임원 자리에 오래 있으실 걸 예상했는데 건강상의 문제로 일찍 내려오셨어요.

ⓐ 그렇죠. 그때가 딱 사회생활을 20년 했을 때인데 사회생활을 시작하고 유일하게 일을 내려놓은 순간이었습니다. 개인적인 이유 외에도 여러 가지 부분을 고려하고 그런 결정을 하게 되었습니다. 그 당시 이야기를 하자면, 이해관계자나 업무를 포함해서 저에게 도움이 되기보다는 부정적이고 힘든 부분이 더 많았습니다. 이해관계도 힘들었고, 제가 맡았던 본부도 어떻게 보면 매출이 다운되고 성장이 어려운 게 뻔한 부분을 맡게 되었기 때문입니다. 미래를 봤을 때는 추구해야 하는 부분은 맞지만 그 전에 2~3년 동안 많은 미수적금이 발생해 있었고 회사에서는 있어 봐야 도움도 안 되는 비즈니스로 이미 낙인이 찍혀 있는 상태였습니다.

사실상 성장은 어려운데 저는 발전 가능성을 어필해야 하는 열악한 환경에 취하다 보니 업무적으로 과하게 무리를 할 수밖에 없었습니다.

마음이 많이 힘들었던 와중에 몸도 망가져서 빨리 입원을 하고 치료를 해야 하는 상태가 되었습니다. 그때 입원할 때는 한 달 안에 회복하고 빨리 일을 다시 하겠다고 다짐했었는데 예상보다 회복도 더디었고 제가 너무 힘들었습니다.

사실 환경적인 부분들도 다 핑계일 수 있습니다. 어떻게 돌아보면 제가 놓으면 안 되는 걸 내려놨다는 생각도 가끔 합니다. 특히나 인수를 당한 입장에서 제가 임원이 되는 걸 보고 후배들이 많이 기대했다는 걸 아는데 그런 측면에서는 그 당시 후배들에게는 미안한 마음이 많이 있습니다.

(통신 사업과 NI 사업분야에서 일한 경험치를 바탕으로
시작한 사업 아이디어)

Ⓠ **그 후로 외국계로 옮겨 가셔서 결이 조금 다른 장비 벤더 디스트 리뷰터(Distributor) 쪽으로 이직을 하셨어요. 새 직장에서는 어 떤 경험들을 하셨나요?**

Ⓐ 그전까지는 통신사 라이선스 사업으로 사실 3사끼리만 경쟁하는 시스템이었습니다. 공무원 조직 같았죠. 솔직히 말해 큰 경쟁은 없었습니다.
벤더는 자기 제품을 파는 거지만 벤더 제품을 디스트리뷰터하고 솔루션을 만들어서 패키지로 팔 때는 혼자서 다 하는 게 아니라 주변에서 협력이 많이 필요합니다. 그 주변이 경쟁자일 수도 있고 나중에는 협력

자일 수도 있고 매번 바뀝니다. 삼 분의 일 경쟁에서 무한대 분의 일 경쟁으로 바뀌었고, 아무것도 모르고 SI 외국계 기업에서 근무를 시작한 탓에 4년 동안 많이 고생을 했습니다.

그러다 나중에는 내 사업의 방향성을 확실하고 명확하게 잡았습니다. 삼 분의 일 비즈니스를 하는 통신 쪽에 SI/NI 쪽 솔루션이 필요한 게 무엇일까 생각하게 됐고 양쪽 분야를 다 잘 아는 저의 장점을 활용해 사업을 시작하게 되었습니다. 초반엔 매출도 없고 힘들었지만 내 사업을 시작하고 6년을 겪어 내면서 나만의 에너지를 만들며 버텨 왔습니다.

직장생활을 하면서 가장 행복했던 때는 언제신가요?

일을 하면서 스스로 재미있다고 느끼는 게 행복이 아니었나 싶습니다. 엔지니어 출신으로 일을 시작했지만, 사업을 시작하면서 마케팅 쪽으로도 일을 하게 됐고, 그 부분이 오히려 제 적성에 잘 맞는다고 생각했습니다. 또 사업이 아무리 마케팅이라도 기술 기반의 사업이었기 때문에 제가 잘 아는 부분을 활용할 수 있어서 자신감도 컸습니다. 전체적으로 보면 제가 원하는 일 자체를 즐기면서 하는 대부분 순간이 행복했습니다.

어떤 일이든 긍정적으로 바라본다면 N전 N승,
코로나 역시 기회의 발판으로 삼는 중

Ⓐ 여태까지의 위기와는 완전히 다릅니다. 대량 생산으로 가격을 다운시키고 거기서 경쟁력을 찾는 제조업 때는 인프라를 정지시킬 수 있는 유류 파동 같은 위기가 있었고, 자본주의가 팽배할 때는 과한 욕심 때문에 파생위기, 글로벌 금융위기들이 발생했지 않습니까? 이런 위기들은 시장의 상황에 따라 어느 정도 예상이 가능했지만, 코로나는 천재지변 같은 성격이라 어느 누구도 예상할 수 없는 위기였다고 생각합니다. 사람도 나이 들면 면역 체계가 깨지듯이 환경도 많이 파괴되었고 그런 상황에서 지구의 면역도 한계에 다다라 바이러스를 커버할 수 없는 상황이 된 것입니다. 코로나로 끝이 아니라 앞으로도 인류가 멸망할 때까지 바이러스와 함께 살아가는 미래가 될 거라고 감히 예상합니다.

코로나를 통해 이전에는 과감하게 시도할 수 없었던 비대면 재택근무 제도를 많은 기업이 도입하면서 직장생활에 새로운 패러다임이 펼쳐졌습니다. 출퇴근하는 일반적인 루틴의 삶이 아니라 구성원의 자율성을 부여한 셈입니다. 또, 고객을 직접 마주하는 소비자시장, 서비스 업계에도 AI나 로봇이 많이 도입되고 있습니다. 이건 길게 보면 일자리가 축소 현상을 불러올 것입니다. 이런 관점에서 보면, 모든 삶의 형태가 변화한 만큼 비대면으로 공존하는 비즈니스가 만들어지고 거기에 통합된 솔루션을 제공하는 기업들이 성공할 거라고 생각합니다.

💬 그러면 IMF, IT 버블, 글로벌위기에 이어 코로나까지 4전 중에 몇 승 몇 패 같으신가요?

🅐 저는 제 기준 4전 4승이라고 생각합니다. 힘들 때도 있었지만 나름 잘 극복하면서 살아왔고 그전부터 준비하던 사업이지만 코로나로 인해 오히려 성장할 수 있는 기회가 되기도 했습니다. 저는 어떤 일이든 긍정적으로 보려고 노력합니다. 최대한 세상의 현상이나 나에게 일어난 일을 긍정적으로 보고 극복할 수 있는 방법을 찾는 것입니다. 부정적으로만 바라봤다면 4전 4패일 수도 있습니다. 그렇지만 항상 긍정적인 방향에서 어떤 일이든 생각하고 받아들이는 편입니다.

(미래만 바라보기보다 현재의 소중함을 느끼며
최선을 다하길)

💬 추천하고 싶은 대표님만의 루틴이 있다면 소개 부탁드립니다.

🅐 제가 추천하고 싶은 제 인생의 루틴은 별건 없지만 새벽 5시에 기상해서 신문을 보는 습관입니다. 30년 가까이 습관이 되었는데 하루를 시작하는 데 마음가짐을 잡는 정말 좋은 습관이라고 생각해서 저도 잃지 않으려고 노력하고 있습니다. 저의 루틴을 따라 하는 것도 좋지만, 본인에게 가장 잘 맞는 루틴이나 습관을 만들어서 지키려는 의지를 갖고 임하는 게 중요하다고 생각합니다. 사회생활을 시작하는 후배들도 스스로

긍정적인 에너지 만들 수 있는 자신만의 습관을 만들어 나가길 추천합니다.

ⓠ 코로나시대를 겪고 있는 사회생활 후배들에게 조언을 해 주신다면요?

ⓐ 말했듯이, 코로나는 천재지변 같은 성격을 갖고 있고 인간의 힘으로 이것을 백 퍼센트 예상하고 막기는 어려웠습니다. 하지만 이런 외부적인 충격이든 내적으로 힘든 부분이든 인생에 다 좋은 일만 있을 수는 없습니다. 중요한 건 '그걸 어떻게 이겨내는지'입니다. 나이가 들어가면서 제가 느끼는 건 어떤 일이든 어느 정도는 순응하고 받아들이면서 살아가야겠다는 것입니다. 그래서 저는 후배들이 코로나시대의 충격을 받아들이면서도 그 안에서 자신이 기회로 잡을 수 있는 발판을 마련하고 이겨냈으면 좋겠습니다.

긴 사회생활을 뒤돌아보면 매번 시간이 정말 빨리 흘러갔고 인생이 참 짧다고 느낍니다. 미래를 준비하고 목표를 쫓는 것도 중요하지만, 어찌 보면 현재들이 모여서 미래가 되는 것이기 때문에, 지금이 가장 소중하다는 걸 잊지 말았으면 좋겠습니다. 현재에 최선을 다하면서 살다 보면 본인이 꿈꾸던 미래가 알아서 다가올 것입니다. 너무 전전긍긍하면서 현재를 잃고 미래만 바라보며 살지는 않았으면 좋겠습니다. 나이 들어 되돌아보면, 노력하던 그때도 천금 같은 시간이었고 참 행복한 시절이었음을 알게 됩니다. 젊은 후배들이 현재에서 노력을 하되, 그 순간도 즐기고 사랑했으면 좋겠습니다.

🔍 **그럼 이만 인터뷰 마치겠습니다. 감사합니다, 대표님.**

🅐 네, 저도 감사합니다.

열여섯 번째 잔

차이나텔레콤코리아 캐리어 부문 이사

이상도

ⓠ 차이나텔레콤 회사와 하는 일에 대해 소개해 주세요.

ⓐ 저는 차이나텔레콤코리아 캐리어 부문 이사를 맡고 있는 이상도입니다.

나라마다 정부가 투자한 일류 통신사 기업이 있습니다. 지금은 공기업이 아니라고 하지만 우리나라에서 정부 지분이 가장 많은 통신사인 KT가 그 예입니다. 차이나텔레콤은 가입자가 4억3천 명, 직원 수 70만 명인 대표적인 중국 통신사 공기업입니다. 매출 집계는 정확하진 않지만 80조에서 100조 사이입니다. 그 안에서 저는 중국 국내 및 해외 통신 리소스를 갖고 국제 통신을 하는 '캐리어' 파트를 담당하고 있습니다. 차이나텔레콤에서는 저희가 담당하는 업무를 '캐리어(Carrier)'라고 표현합니다.

'인터넷 통신'에 대해 이해하기 쉽게 설명하자면, 해저 케이블을 통해 통신이 연결된다고 생각하면 됩니다. 전봇대에 많은 광케이블이 걸려 있듯이 우리 지구 바다에도 많은 해저 케이블이 있고, 전 세계 인터넷의 90% 이상은 해저 케이블을 통해 이용하고 있다고 봐도 무방합니다. 대륙 간에는 무수하게 많은 해저 케이블이 깔려 있습니다. 지진이 나거나 배들이 실수로 이 케이블을 끊고, 혹은 상어나 물고기들이 끊으면 인터넷 연결에 문제가 생깁니다. 한번 까는데 조 단위의 큰 금액이 듭니다. 그래서 예를 들어, 차이나텔레콤이 중국에서 미국까지 해저 케이블을 새로 만들자고 하면 관련 국가의 TIER 1 사업자들 즉, KT, SKB, LGU, Viettel, 청화텔레콤, 버리아존, NTT 등 수요가 있는 통신사들이 자본금을 모아 해저 케이블 설비들을 같이 만듭니다. 저희가 평소에 페이스북을 하고 유튜브나 넷플릭스를 볼 때, 클릭 한 번이면 영상이 보이잖아요? 그런 콘텐츠들이 결국 해저 케이블로 연결된 인터넷 트래픽을 통해 흘러들어 와서 볼 수 있는 것입니다. 저는 그런 트래픽을 교환하거나 사고파는 국제 통신 업무를 담당하고 있습니다. 요즘은 해저 트래픽 수요가 많은 넷플릭스, 구글, 페이스북 같은 OTT Player들끼리 모여서 해저 케이블 사업을 진행하기도 합니다. 일반 사람들에겐 익숙하지 않은 기간 통신 사업분야이지만, 차이나텔레콤에서 즐겁게 일하고 있습니다.

@ IMF 때 이사님의 경험이 궁금해요.

Ⓐ 미국에 어학연수를 가서 1년 정도 공부를 하고 오려고 했습니다. 그러는 와중에 1997년 IMF가 터져서 6개월 만에 한국에 돌아오게 됐습니다. 같은 반에서 공부하던 후배가 한국이 불안하다고 빨리 집에 전화해서 생활비랑 학비를 보내 달라고 얘기를 하라고 했습니다. 그래서 저는 그때 집에서 보내 준 일부 학비로 오히려 환차익을 보기도 했습니다. (웃음) 그 돈으로 두 달 반 정도 외국 친구들과 유럽에서 캠핑 여행을 하면서 영어 실력도 많이 늘렸습니다.

　저는 중어중문학과를 전공했고 중국으로 어학연수도 다녀오고, 대만으로 교환학생도 다녀왔습니다. 그런데 중국어만으로는 경쟁력이 없을 것 같아서 영어 공부도 할 겸 놀고도 싶고, 겸사겸사 미국으로 어학연수를 가겠다고 했습니다. 아버지가 공무원이시고 엄격하셔서 미국에 어학연수 가기 전에 검증을 받아야 했고, 3개월 동안 밤낮으로 영어학원을 다니면서 영어 공부에 대한 열정을 인정받아서 어학연수를 갈 수 있었습니다.

어학연수와 여행을 마치고 한국으로 돌아와 1998년 11월에 하나로 통신 공채 1기로 입사를 했습니다. 하나로통신은 지금 SK브로드밴드의 전신으로 KT 이후에 생긴 최초의 시내전화 유선 사업 경쟁사입니다. 이후에 ADSL 초고속 인터넷시장을 세계 최초로 연 통신 사업자입니다.

(('하나로통신 공채 1기' 타이틀의 자부심))

⊙ 하나로통신 입사부터 직장생활까지 히스토리가 궁금해요.

Ⓐ 1998년 11월 입사해서 7년 동안 근무하고 2005년 12월 30일에 명예퇴직을 했습니다. 1998년은 IMF가 터지고 가장 힘든 시절이었습니다. 그때 당시에 하나로통신에 입사하게 됐고, 취업 시기를 떠나서도 '하나로통신 1기'라는 타이틀에 프라이드가 있었습니다. 물론 지금 취준생들도 힘들겠지만, 그때의 우리도 지금 못지않게 힘들었다는 얘기도 하고 싶었습니다. 그때, 하나로통신 공채 1기 경쟁률이 350대 1이었습니다. 대학 시험보다 어려웠죠. 경력직 60명에 신입사원 딱 100명을 뽑았습니다. 4학년 2학기 때부터 취업 준비를 하면서 저 혼자 취업 노트를 썼는데 면접까지 가도 합격이 되는 회사가 없었습니다. 중소기업도 마찬가지였습니다. 한 번은 강남에서 면접을 보고 나왔는데 강남 바닥에

사무실이 이렇게 많은데 내가 취업할 곳이 한 군데가 없나 자괴감이 들었습니다. 그래도 다행히 IMF 상황에서도 공채로 뽑는 큰 기업들이 있었습니다.

하나로통신 1기 토익 시험을 보는 날이 하필 KCC 3차 면접이랑 겹치는 날이었습니다. 사실 3차 면접이면 거의 다 붙었다고 봐도 무방한데, 그때 지금은 사업하는 친구에게 상담을 했고, 그 친구가 본인이라면 '공채 1기' 타이틀로 하나로통신에 입사하겠다고 하면서 통신사는 망할 일이 없다고 펌프질을 했습니다. 토익 시험에, 1차, 2차 면접에, 토론 면접까지 굉장히 힘들었지만 운 좋게 하나로통신에 들어갔습니다. 그렇게 입사를 했는데, 70%가 스카이대학 출신에 60명 있는 경력사원들도 다 삼성, LG, 현대 같은 대기업 출신이었습니다. 심지어 비(非)스카이 친구들은 와세다대학, 코넬대학 같은 세계에서 알아주는 유명한 대학 출신들도 많았습니다. 그때 그런 쟁쟁한 사람들 옆에서 '아, 내가 정말 운이 좋았구나'라고 생각이 들었습니다. 그래서 뒤처지지 않으려고 열심히 일했습니다. 내 일처럼, 내 회사처럼 구매팀에서 최선을 다해서 일을 했습니다. 그런데 웃긴 게, 다 같이 교육을 받으면서 저만 그런 생각을 한 건 아니었습니다. 저는 중어중문학과 출신이라 조사 빼고는 교육 내용을 다 한자로 받아 적었는데, 고대 출신에 영어도 잘하는 형이 교육 때 필기하는 저를 보고 '와 애는 천재다'라고 생각했다고 나중에 술 마시다 이야기했습니다. 공채 1기들끼리 만나면 그때 추억을 회상하는데 아직도 그런 얘기를 하곤 합니다.

대학교 총동문회에 가면 IT 업계, 해외 통신사에서 일하는 제가 굉장히 특이한 캐릭터가 됩니다. 4학년 때 제가 졸업할 때 선배들이 '직업 잘 선택해라', 'Industry 잘 선택해서 가라' 하는 조언을 많이 해 줬습니다. 제가 IT 쪽으로 빠진 게 저는 신의 한수였다고 생각합니다.

ⓠ 어문계열에서 IT 쪽 취업을 생각하는 후배들에게 조언을 부탁드려요.

ⓐ 가장 먼저는 '영어 공부를 해라'입니다. 기본적으로 외국어를 할 줄 알면 선택할 수 있는 옵션이 많아집니다. 사회에 나와서 사람을 만날 때도 그렇고, 요즘 같은 비대면시대에 콘퍼런스를 하더라도 영어를 못한다면 기회가 월등하게 줄어들기 때문입니다. 저는 영어, 중국어를 하지만 요즘 베트남어 공부도 합니다. 베트남어, 스페인어, 중국어 같은 유망한 제2외국어를 같이 공부하는 것도 개인의 경쟁력을 기르기 위한 방법으로 적극 추천합니다.

전 중국어가 특기였지만 회사에 다니면서도 틈틈이 영어, 중국어 학원을 다녔습니다. 일종에 학벌에 대한 열등감을 그렇게 풀어낸 것입니다. 일을 잘한다는 전제하에 외국어가 결국 경쟁력을 결정지을 수 있다고 생각했기 때문입니다. 신입사원 때 할 수 있는 게 뭐가 있겠습니까. 별로 없습니다. 그저 윗사람이 시키는 일 성실하게 해내고, 기본적인 발주 실수 안 하고, 늘 조심하고 그러는 거죠. 그러다 보면 또 거기에 맞춰서 실력이 늘어납니다. 저는 운이 좋았던 게 공채 1기 구매팀이어서 다른 회사에선 사원급으로 할 수 없는 일도 많이 해 봤습니다. 물건 수입부터, 해외 송금까지 하나도 몰라서 처음부터 공부하면서 해야 했지만 그게 너무 재미있었습니다. 처음엔 엑셀도 못 했는데 잘하는 친구에게 부탁해서 밥도 사주면서 배우고 그랬습니다. 그 정도 열정은 있었던 거죠. 그 당시엔 어디 '이직'을 생각이나 합니까. 다 평생 직장 개념으로 여기서 임원까지 되어야지, 하면서 일을 했습니다.

저는 일 못 한다는 소리가 제일 싫었습니다. 일은 잘해야 합니다. 그건 주변 사람들이 평가해 주는 것이지만, 사실 스스로도 알 수 있습니다. 이 정도의 업무 퍼포먼스를 낼 수 있는지 없는지 본인의 한계를 알고, 그렇게 본인의 한계를 넘어가면서 성장하는 것입니다.

ⓠ 2000년 IT 버블 때는 어땠나요?

ⓐ 그때도 계속 하나로통신에 근무하고 있었습니다. 통신사에게 호황까지는 아니었지만, IT 버블이 위기는 아니었습니다. 고객들에게 통신서비스를 제공해 주는 입장이었는데, 그때 많은 벤처기업이 일어났다 사라졌다 하는 모습을 보면서 위기를 실감했습니다. 저도 한 판촉물 회사에 조그맣게 투자했다가 그 회사가 아예 없어져 버리면서 투자금을 다 잃기도 했습니다. 그때는 홈페이지만 만들면 기업 가치가 올라갔습니다. 하나로통신 같은 기간 통신 사업자들에겐 오히려 기회였지 위기는 아니었습니다.

((대기업에서 벤처로, 중국 진출 꿈을 갖고 이직하다))

ⓠ 하나로통신 퇴사 후에 씨디네트웍스 회사로 이직하셨어요?

ⓐ CDN(Contents Delivery Networks)을 제공하는 씨디네트웍스라는 벤처 회사였습니다. 이직하기 전부터 교류가 있는 회사였습니다. 하나로통신 공채 1기 동기 형이 마케팅팀장으로 있어서 처음 런칭할 때, 온라인 게임 쪽 고객을 많이 소개해 드린 적이 있었습니다. 회사 규모가 점점 커지는 상황에서 좋은 사람을 소개해 달라는 부탁을 매번 받다가 한번은 동기 형한테 물어봤습니다. '근데 왜 나한테는 스카우트 제의를 안 해?' 라고 말입니다. (웃음) 저는 하나로통신에 워낙 애정이 많아서 이직 생각은 없는 줄 알았다고 하셨습니다. '중국 지사를 만들 생각이 없냐, 내가 가서 일하고 싶다'라고 어필하면서 저의 중국 진출에 대한 로망을 실현하고 싶었습니다. 그냥 던진 말이었는데 그 다음 날 만나서 점심 먹고 최종 면접까지 하게 되었습니다. 정신을 차리고 보니 그러고 있었습니다. 그 당시 우리나라 CDN 1위 회사였고, 중국 지사를 만들 계획이 있다는 말에 지사장 자리에 대한 약속도 받은 터라 이직을 결심하게 됐습니다.

씨디네트웍스에서 일하면서 IPTV 시범 사업 수주, 하나로텔레콤 CDN망 구축 사업 등을 담당하게 됐는데, 생각보다 국내에서 일을 잘했는지 중국으로 바로 안 보내 주는 것입니다. (웃음) 그것도 이유가 될 수 있지만, 주변에서 자꾸 사업을 하라고, 넌 사업 체질이고 나와서 네 사업 하면 돈을 잘 벌 거라고 자꾸 꼬셨습니다. 그래서 씨디네트웍스에 1년 좀 넘게 일을 하다가 퇴사하게 되었습니다. 한번 대기업에서 벤처로 옮기니까 처음이 어렵지 그다음부터는 어렵지 않았습니다.

그때가 30대 초반이었고, 돈을 너무 벌고 싶었습니다. 사업이 잘되지 않아서 정리하고 저도 꽤 힘든 시간을 보내기도 했습니다. 2008년도에는 6개월 동안 산만 타기도 했습니다. 그 이후에 효성ITX에서 CDN 영업을 하기도 했지만 오래 다니진 못했습니다. 그 뒤에 차이나캐시코리아로 움직이게 되었습니다.

ⓠ 그 후에 '차이나캐시코리아'에서 일을 하셨어요.

ⓐ 네. DVS 네트웍스와 차이나캐시가 합자법인으로 만든 회사였고 저는 경력을 살려 한국 지사장을 담당했습니다. 사업 런칭 행사도 호텔에서 크게 할 정도로 잘 될 것 같은 예감이 있었습니다. 다들 모르시겠지만, 중국의 알리바바보다 더 크게 11번가도 중국에서 인터넷 사업을 했었습니다. 온라인 마켓에 대한 중국시장의 니즈가 컸던 덕에 11번가 트래픽 확장도 점점 더 커 갔고, 사업도 잘되고 있었습니다. 그때, 글로벌 금융위기가 왔습니다. 금융위기가 오니까 SK 그룹이 중국 관련된 사업을 다 접어 버렸습니다. MD부터 해서 인건비가 많이 나가는 사업이었다는 것입니다. 글로벌 금융위기로 집이 망하진 않았지만 이런 식으로 나도 금융위기 여파를 받는구나, 생각을 했습니다. 차이나캐시코리아도 1년 반 정도 근무하다 금융위기를 맞고 한국 지사를 접게 되었습니다.

((좌충우돌 인생의 파도를 겪은 30대, 커리어의 자양분이 되다))

💬 이사님의 다음 커리어가 궁금하네요.

🅐 그 후에 다른 회사에 잠깐 있다가 '더존'이라는 회사의 IDC 클라우드 사업 본부로 이직을 했습니다. IDC 센터가 강촌에 있어서 매일 새벽에 일어나 출퇴근했던 기억이 납니다. 그 회사에서 처음으로 IDC 클라우드 사업을 런칭하는 거고, 저 역시도 처음 해 보는 사업이라 일이 재미있었습니다. 더존에 입사하기 전에 LGU의 CDN 팀에서도 최종 면접까지 마치고 결과를 기다리던 중이었는데 일을 하다 보니 너무 재밌어서 최종 합격을 했는데도 안 간다고 했습니다.

저는 신규 사업을 할 때 제일 재미있게 일한다는 생각이 듭니다. 하나로통신에서도 온라인 게임시장을 처음 개척하고 씨디네트웍스에서도 IPTV 시범사업을 해 봤습니다.

더존에서 클라우드 신규 사업에 재미를 붙여 3년 정도 잘 다녔습니다. 그곳에 뿌리를 내릴 줄 알았는데 아시다시피 그러진 않았습니다. 저의 자격지심일 수도 있지만 저는 회계소프트웨어 개발자 출신이 아니라 거기서 오는 한계가 있었습니다. 그리고 제가 모시던 윗분들이 다른 사업으로 가시면서 저도 속칭 권력에서 멀어지게 되었습니다. 하지만 클라우드 사업은 큰 영향 없이 계속 잘됐습니다. 초기엔 재미있게 일하며 다녔지만 결국에 잘 버티지 못하고 나왔습니다.

ⓠ 그리고 드디어 '차이나텔레콤'이 나오네요.

ⓐ 사실 더존에 근무할 때부터 차이나텔레콤코리아 지사장에게 잡 오퍼가 왔었습니다. 하지만 입사를 하지 않았고, 편하게 친구처럼 지내게 되었습니다. 그러다 더존을 나오고, 제가 연락해서 면접을 보고 2015년부터 일을 하기 시작했습니다. 통신사 쪽 입사를 위해서 추천서를 써 달라고 했는데 그냥 차이나텔레콤으로 오는 게 어떻겠냐고 했습니다.

저는 하나로통신이라는 대기업에서 시작했지만, 벤처기업에도 있어 보고 개인 사업도 망해 보면서 많은 경험을 했던 거 같습니다. 좌충우돌로 30대를 보내면서 인생의 파도와 굴곡이 많았습니다. 하나로통신에서 다시 오지 않겠냐고 제안도 왔었고 동기들도 안타깝게 생각했습니다. 경력사원으로 면접도 붙고 재입사도 생각했는데 결국은 안 갔습니다. 스카이 출신도 아니었고 저도 그 안에서 한계를 이미 느껴 봤기 때문입니다.

그래서 차이나텔레콤코리아에서 입사 후엔 국제 통신 이외 업무에도 신규 이커머스 사업 기획 론칭, APP 연동개발 및 사업 협업까지 많은 시도를 했습니다. 다 잘되진 않았지만 그래도 차이나텔레콤코리아에서는 국제 통신 인프라 사업 외에 새로운 부가 서비스까지 만들어 볼 수 있는 기회는 아직도 많다고 생각합니다. 그런 기회를 계속 엿보고 있습니다.

Q **코로나시대에 대한 이사님의 견해와 이 시대를 살아가는 취준생들에게 조언 부탁드려요.**

A 코로나시대를 맞으면서 통신사 입장에선 위기가 아니라 매출이 더 오르는 성장의 발판이 되었습니다. 비대면시대에 접어들면서 다들 집에서 넷플릭스 보고, 페이스북 하고, 유튜브를 봅니다. 트래픽을 엄청 쓰는 것입니다. SK, KT, LGU 모두 영업 이익이 다 늘었습니다. 매출이 커진 것도 있지만, 마케팅 부문에 돈을 안 써서 그렇게 된 것도 있습니다.

제 생각에 코로나가 종식되진 않을 것 같습니다. 계속해서 변이가 일어날 것이고 나중에는 독감처럼 잘 다스리며 공존해야 한다고 생각합니다. 직장생활엔 자율성이 많이 부여될 것입니다. 재택근무가 활성화되면서 보고하는 방식이나 회의 방법도 많이 달라졌습니다. 변화된 시대에 맞는 스킬이 필요하다고 생각합니다. 예전처럼 하는 척, 아는 척, 얹혀 가는 사람들이 이제는 뚜렷하게 구분이 되는 시대가 된 것입니다.

사회초년생이나 취업준비생들에겐 급격하게 바뀌는 트렌드 속에서 경험을 늘릴 수 있는 도구를 만들라고 조언해 주고 싶습니다. 책을 많이 읽어서 직접 경험하지 못하는 지금의 환경에서 교류할 수 없는 부분들을 자기 스스로 채워 나가는 게 중요합니다. 간접 경험을 통해서라도 스스로 공부하고 배우는 것들이 결국은 사회생활을 잘하는 데 도움이 많이 될 것입니다. 온라인상에 좋은 강의를 보는 것도 좋습니다. '하고자 하는 생각'을 하고 있으면 방법은 많다고 봅니다.

◎ 22년 동안 사회생활 하면서 행복했던 순간은 언제인가요?

Ⓐ 승진해서 연봉 많이 받으면 좋죠, 자본주의 세상이니까. 그런데 일적인 걸로 보면 내가 기획하고 추진했던 일이 잘됐을 때가 가장 행복했습니다. 남들이 안 하는 걸 했는데 결과도 좋고 회사에서 보상도 해 주고, 결과적으로 일에 대한 성취를 느낄 수 있는 게 가장 즐거웠던 거 같습니다. 금전적인 보상은 일회성인 거 같습니다. 반면 성취감을 느꼈던 경험들은 오래갑니다. 도저히 안 될 것 같은 난관이 있었는데 아이디어를 내서 해결했을 때의 성취감이 있습니다. 힘든 일이 닥쳤을 때 내가 이겨낸 그 경험을 꺼내 봅니다. 그런 경험들이 많으면 많을수록 좋습니다. 내가 힘들 때 이겨 낼 수 있는 힘이 되기 때문입니다. 요즘 세대 사람들에겐 워라밸이 없는 삶이라고 생각할 수도 있지만, 저는 항상 열정을 갖고 몰입해서 일을 했고 특히 벤처기업에서 A부터 Z까지 다 담당하면서 일했던 경험이 저의 중요한 경험이 되었습니다.

워라밸도 물론 중요합니다. 하지만 일에 몰입하고 경험할 수 있는 시간이 생각보다 많지는 않습니다. 나이가 들면서 시간이 빠르게 흐르게 느껴진다고 말을 많이 하잖아요? 그것은 젊을 때보다 새롭게 경험하는 것들이 줄어서 뇌가 느끼는 반응이 없어서라고 합니다.

젊었을 때는 새로운 것들이 많아서 뇌가 저장하는 경험카드들이 계속 만들어지니까 하루가 길고 시간 흐르는 것이 느리게 느껴지지만, 나이가 들수록 그런 경험카드들이 적어지고 자극이 없어서 빠르게 시간이 흘러간다고 합니다.

즉, 젊을 때 많이 움직이고 더 경험하는 것이 중요하다는 것입니다.

ⓠ 여태까지 한국 경제위기를 겪으며 4전 중 몇 승 몇 패라고 보나요?

ⓐ IMF 때나 IT 버블은 '패'라고 볼 수 없을 거 같습니다. 무승부는 2번 정도 있는 것 같습니다. 4전 2승 2무 그리고 아직 진행 중이라고 얘기하고 싶습니다. 제가 느끼기에 아직 엄청난 성공을 했거나 압도적으로 자랑할 만한 게 있다고 생각하진 않기 때문입니다. 그래도 현재까지 버티면서 중국 공기업에서 일하고 있고 임원도 되었으니 잘하고 있다고 스스로 칭찬해 주고 싶습니다. (웃음)

ⓠ 후배들에게 추천할 만한 나만의 루틴을 소개해 주세요.

ⓐ 미래에셋 박현주 회장이 '나는 가장 중요한 사람을 만날 때 항상 샤워를 한다'라고 했습니다. 그만큼 사람을 만나기 전에 자기가 할 수 있는 최선의 준비를 다한다고 생각합니다.

저는 아주 큰 일이거나 잘못된 일이 아니면 미팅 시간 약속을 어겨 본 적이 없습니다. 시간을 지키는 건 아주 기본이라고 생각합니다. 미팅 최소 30분 전에 가서 옷매무새도 만지고 거울도 보면서 스스로를 정돈합니다. 제가 약속 시간에 철저한 사람이라 그런지 상대방이 약속 시간을 어기면 '아, 이 사람은 내 시간을 소중하게 생각하지 않는구나'라는 생각이 듭니다. 그래서 저는 항상 약속을 잘 지키려고 노력합니다. 그래서 차가 막힐 변수를 고려해서 자차보다는 지하철을 선호하기도 합니다. 또 한가지는 인사를 먼저 합니다. 직장 상사든 부하 직원이든 선후배들을 보면 먼저 인사를 합니다. 뻘쭘하게 인사를 안 받아 주는 사람도 계속 인사하면 언젠가는 받아 주었던 경험이 있습니다. 인사가 별거 아닌 것 같지만 사회생활에선 기본이 되는 중요한 행동이라고 생각합니다.

('내 사업이다'라고 생각하고 주도적으로 생각하고 일을 해요)

◎ 미래를 위한 준비를 어떻게 하고 있는지 궁금해요.

Ⓐ 제가 차린 회사는 아니지만, 항상 내 사업이다 생각하고 일을 합니다. 당연히 모든 걸 지사장이나 본사에 보고하고 의사결정을 하지만, 그걸 내가 주도적으로 판을 깔고 만들어 보려고 노력합니다. 어떤 일을 해도 내가 주도적으로 하려고 하고 주변 사람들의 능력을 끌어모아 유리한 방향으로 끌어가려고 많이 고민합니다.

머지않아 저도 은퇴할 나이가 될 텐데 여생에 어떤 먹거리로 살아갈지 항상 고민하고 있습니다. 저는 강의를 하면서 먹고 살고 싶습니다. 그러려면 성공이든 실패든 제가 이야기할 콘텐츠가 많아야 합니다. 다른 사람들에게 많이 배우기도 하지만, 잘 안되더라도 일단 제 방식대로 부딪혀 보고 실패도 많이 하고 그러면서 배우고 있습니다. 말도 잘하고 글도 잘 쓰면 좋겠다는 생각이 들어 요즘에는 전보다 독서를 많이 하고 있습니다. 전자책보다는 감각적으로 종이를 넘길 수 있고 밑줄을 치면서 메모할 수 있는 진짜 책을 더 선호합니다.

ⓠ 취준생들에게 마지막 조언을 하자면?

Ⓐ 늦었다고 생각하지 말고 지금이라도 외국어 공부를 했으면 좋겠습니다. 비대면시대가 올수록 언어에 대한 이슈는 더 높아질 것이고, 그 역량을 갖춘 인재가 대체할 수 없는 인력이 될 거라고 생각합니다. 저도 이 나이에 베트남어를 도전하고 있고, 중국어나 영어도 까먹지 않으려고 수시로 공부를 하고 있습니다. 넷플릭스의 다큐멘터리를 보면서 정제된 용어를 배우고, 드라마로 익힌 숙어를 외워서 콘퍼런스 콜 때 혼자 써먹으며 뿌듯해 하고 있습니다. 그런 게 재밌습니다. 언어를 배우는 입장에선 그런 시도들이 재밌고 즐거워야 합니다.

또, 책도 많이 읽었으면 좋겠습니다. 시간 약속처럼, 기본을 잃지 말길 바랍니다. 기본만 해도 중간은 갑니다. 그 위에 쌓아 올리는 플러스 알파는 자기 노력에 달렸겠죠. 그리고 번외로, 윗사람들이 하는 얘기는 무조건 꼰대 취급하지 말고, 교류하면서 얻을 수 있는 건 취하라고 해 주고 싶습니다.

만약 제가 20대 취준생으로 돌아간다면 더 많이 경험하려고 노력할

것 같습니다. 실패, 성공을 떠나서 경험이 많을수록 더 성숙한 사회생활
을 할 수 있을 것 같습니다.

감사합니다.

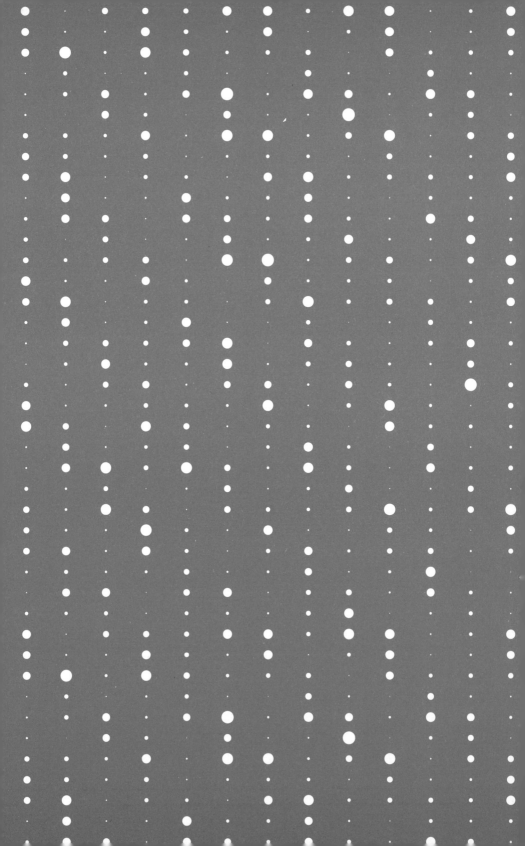